Heinrich Bedford-Strohm
Alles ändert sich

HEINRICH BEDFORD-STROHM

Alles ändert sich

DIE WELT IM LICHT VON WEIHNACHTEN

Patmos Verlag

Einladung

Alles ändert sich. Ein Satz, der sich je unterschiedlich anhört, je nachdem in welcher Lebenssituation man ist. Geht es einem hervorragend, so ist der Wunsch nach Veränderung meist gering. In einer Krise dagegen ist die Hoffnung groß, dass sich etwas ändert – zum Besseren hin.

Alles ändert sich. Die Zeit vor Weihnachten kündigt eine große Veränderung für alle Menschen an, egal in welcher Lebenssituation. An Weihnachten geschieht etwas, das den Einzelnen anrührt und die Welt in Bewegung bringt: Gott zeigt sich im Menschen.

Mit wunderbaren Bildern illustriert die Bibel, wie die Menschen sich auf diese Wirklichkeit von Weihnachten vorbereiten können. Viele davon sind vertraut: Das Licht scheint in der Dunkelheit. Macht hoch die Tür! Der König kommt zu dir. Wacht auf! Seid bereit, Gott zu empfangen.

Was bedeuten diese Bilder für unser Leben? Mit welcher Wahrheit sind sie für die je eigene Lebensgeschichte gefüllt, in schönen, wie in schweren Zeiten? Wie kann diese Wahrheit in meiner Beziehung zu Gott Wirkkraft entfalten?

Das Buch, das Sie vor sich haben, geht zurück auf Predigten, die ich in den letzten Jahren als Landesbischof der Evangelisch-Lutherischen Kirche in Bayern während der Advents- und Weihnachtszeit an verschiedenen Orten gehalten habe. Darin möchte ich die frohe Botschaft der Bibel für die heutige Zeit übersetzen. Ich will auch sichtbar machen, wo sich das Evangelium ziemlich widerspenstig zu unserem Zeitgeist verhält. Advent und Weihnachten sind nicht nur lieb und lieblich. Nicht nur Lebkuchen und Glühweinduft. Das Kommen Gottes in die Welt kann Menschen erschüttern. Es kann das Gewohnte und Althergebrachte in Aufruhr versetzen. Für mich haben Advent und Weihnachten daher immer auch Auswirkungen auf das Weltgeschehen. »Friede auf Erden!«, singen die Engel in der Heiligen Nacht. Friede auf Erden – das verändert wirklich alles. Mir hilft die Advents- und Weihnachtszeit, mit dem umzugehen, was mich erschüttert. Sie erinnert mich daran: Christus kommt als Licht in die Finsternis der Menschen. Christus gibt die Kraft, gewollten und erlittenen Veränderungen zu begegnen und sie schöpferisch und verantwortlich zu gestalten.

Auf dem Bucheinband sehen Sie einen Ausschnitt des Altares der St. Annakirche in Augsburg. Er ist aus purpurrotem Wachs als Kreuz geformt und weist Spuren auf, die wir als unvollkommen, gar fehlerhaft bezeichnen würden. Denn als das Wachs für den Altar geschmolzen wurde und anschließend erstarrt ist, haben sich Farbfehler gebildet und Unebenheiten. Zufällig, ungeplant. So durchbrechen Streifen und Muster die Glätte der Oberfläche. Der Tisch steht leicht schief im Raum. Das Material des Altars sieht lebendig aus, warm. Das Purpurrot leuchtet in der Kühle des Raumes.

Dieser besondere Altar erzählt für mich viel von Weihnachten. Gott kommt in die Welt, kommt zu uns Menschen. Gott kommt in ein Leben, das nicht planbar ist. Ein Menschenleben ist geprägt von Unsicherheit – das ist von Geburt an so, und es bleibt so bis zur letzten Stunde. Eine Unsicherheit, die oft schmerzhaft und manchmal kaum zu ertragen ist. Daran erinnert das Kreuz, nach dessen Form der Altar gestaltet ist. Doch über dem Kreuz höre ich die Botschaft der Engel an Weihnachten: »Siehe, ich verkündige euch große Freude, denn euch ist heute der Heiland geboren.« *Alles ändert sich.*

Ich freue mich, wenn dieses Buch Sie auf Advent und Weihnachten einstimmt. Ich wünsche Ihnen eine gesegnete Zeit, die Ihr Leben erleuchtet und Ihnen Mut macht, dort, wo Sie können, die Welt zum Guten hin zu verändern.

Ihr

[Unterschrift: Heinrich Bedford-Strohm]

Inhalt

Segen für das neue Jahr

Advent:
Alles ändert sich

· · · · · · · · · · · ·

Überall brennen die Lichter

Und sein [Johannes des Täufers] Vater Zacharias
wurde vom Heiligen Geist erfüllt, weissagte und
sprach:

Gelobt sei der Herr, der Gott Israels!
Denn er hat besucht und erlöst sein Volk
und hat uns aufgerichtet eine Macht des Heils
im Hause seines Dieners David
– wie er vorzeiten geredet hat
durch den Mund seiner heiligen Propheten –,
dass er uns errettete von unsern Feinden
und aus der Hand aller, die uns hassen,
und Barmherzigkeit erzeigte unsern Vätern
und gedächte an seinen heiligen Bund
und an den Eid, den er geschworen hat unserm
Vater Abraham, uns zu geben,
dass wir, erlöst aus der Hand unsrer Feinde,
ihm dienten ohne Furcht unser Leben lang
in Heiligkeit und Gerechtigkeit vor seinen Augen.
Und du, Kindlein, wirst ein Prophet des Höchsten
heißen.

Denn du wirst dem Herrn vorangehen, dass du
    seinen Weg bereitest
und Erkenntnis des Heils gebest seinem Volk
in der Vergebung ihrer Sünden,
durch die herzliche Barmherzigkeit unseres
    Gottes,
durch die uns besuchen wird das aufgehende Licht
    aus der Höhe,
damit es erscheine denen, die sitzen in Finsternis
    und Schatten des Todes,
und richte unsere Füße auf den Weg des Friedens.

LUKAS 1,67–79

Wie klingt einer, der eine neue Perspektive in seinem Leben gewonnen hat? Wie redet einer, der endlich wieder eine Zukunft für die Welt sieht? Wie hört sich einer an, der versteht, dass er selbst Teil einer Befreiungsgeschichte geworden ist? Vielleicht so wie Zacharias im ersten Kapitel des Lukasevangeliums. Da macht sich einer hörbar, der vorher stumm war. Die Zeit des Schweigens ist vorbei. Die Zeit des Lobens ist gekommen.

Es ist eine bemerkenswerte Geschichte, die da von Zacharias erzählt wird. Der Erzengel Gabriel erscheint ihm und kündigt an, dass seine unfruchtbare Frau Elisabeth in hohem Alter noch ein Kind bekommen würde. Dieses Kind wird ein Prophet sein und viele Menschen zur Umkehr bringen und offen machen für die Ankunft des erwarteten Retters. Zacharias kann es kaum glauben und fragt: Woran soll ich das erkennen? Ich bin alt und meine Frau Elisabeth ist betagt. Und der Engel sagt: Siehe, du wirst stumm werden bis zu dem Tag, an dem das geschieht, weil du meinen Worten nicht geglaubt hast.

Genauso kommt es. Zacharias wird stumm. Und erst als das Kind, Johannes der Täufer, geboren wird, löst sich seine Stimme wieder.

Wir kennen das ja so gut! Dass wir stumm sind, weil wir nicht glauben können. Dass wir loben wollen, dass wir danken wollen, dass wir uns freuen wollen, aber das Wort bleibt uns im Halse stecken. Das Herz schließt sich ein, schließt sich ab, sodass die Worte der Sehnsucht, die Worte der Hoffnung, die Worte der Befreiung, die tief in uns verborgen liegen, einfach nicht herauskommen wollen.

Es gibt viele Gründe, die uns stumm machen. Vielleicht ist es die Skepsis, die sagt: Wie soll ich diese alten Geschichten glauben? Muss ich dafür nicht meinen Verstand an der Garderobe abgeben? Kann ich als aufgeklärter moderner Mensch von Engeln sprechen? Und vielleicht spüren wir durch alle diese Gedanken hindurch die Wärme, die von solchen Engeln ausgeht, aber wir blockieren sie.

Oder es ist die Bitterkeit, die uns stumm macht und die aus der Erfahrung tiefen persönlichen Leids kommt. Wo war er denn, der Engel, als der Mensch starb, der

der Liebste in meinem Leben war? Und wo ist er, wenn Menschen sinnlos leiden? Und vielleicht ist schon die Klage darüber ein Ausdruck dieser tiefen Ahnung, dass es da einen gibt, der sie hört, so wie er sie bei Hiob gehört hat.

Oder es ist die Orientierungslosigkeit, die uns stumm macht. Es gibt so viele Lehren und Weltanschauungen, die nach mir greifen und die sich allesamt für den Stein des Weisen halten. Sag mir irgendeinen Grund, warum ich ausgerechnet diese merkwürdige Botschaft vom Mensch gewordenen Gott für wahr halten soll? Und in diesen Worten kommt vielleicht schon die geheime Faszination davon zum Ausdruck, dass der Gott, an den die Christen glauben, keiner ist, der ganz weit weg in den spirituellen Sphären des Universums schwebt, sondern uns ganz nah geworden ist.

Ja, es gibt viele Gründe dafür, dass wir stumm sind, wenn es darum geht, sich auf die Perspektive einer neu gewordenen Welt einzulassen.

»Woran soll ich das erkennen?«, fragt Zacharias den Engel. Und er wird stumm. Welche Beweise könnt ihr liefern?, fragen wir angesichts der Botschaft vom angebrochenen Heil. Und wir werden stumm.

Wie heilsam ist es da, zu hören, was Zacharias ruft, als seine Zunge sich wieder gelöst hat. Er hat verstanden. Er hat sich selbst gefunden. Er hat die Geschichte im Herzen neu entdeckt, in die sein Leben hineingeschrieben ist. Ja, er spricht einfach nur von all dem, was sein Volk mit seinem Gott erlebt hat!

> Gelobt sei der Herr, der Gott Israels! Denn er hat besucht und erlöst sein Volk und hat uns aufgerichtet eine Macht des Heils im Hause seines Dieners David – wie er vorzeiten geredet hat durch den Mund seiner heiligen Propheten –, dass er uns errettete von unsern Feinden und aus der Hand aller, die uns hassen, und Barmherzigkeit erzeigte unsern Vätern und gedächte an seinen heiligen Bund und an den Eid, den er geschworen hat unserm Vater Abraham, uns zu geben, dass wir, erlöst aus der Hand unsrer Feinde, ihm dienten ohne Furcht unser Leben lang in Heiligkeit und Gerechtigkeit vor seinen Augen.

Zacharias kann nur erfassen, was die Geburt seines Sohnes Johannes bedeutet, indem er von der Geschichte spricht, indem er von der großen Story spricht, in die sein eigenes Leben hineingeschrieben ist. Wir waren in der Hand der Feinde, Feinde, die mit Waffen den Körper bedrohten, aber auch Feinde, die unsere Seele niederdrücken wollten. Wir waren in der Hand der Feinde, aber der Herr hat uns errettet. Wir haben die Gebote, die Gott uns gegeben hat in dem Bund, den er mit uns geschlossen hat, verletzt, immer wieder verletzt, aber der Herr hat seinen Bund gehalten, hat uns wieder und wieder zu sich zurückgeführt, nichts hat seine Liebe zu uns ausgelöscht. Und nun – so lobt Zacharias – schenkt er mir einen Sohn und meinem Volk einen Propheten, der den Weg bereitet für etwas, was unser Herz in seiner Tragweite kaum fassen kann.

Diese große Liebe Gottes, die sich durch die Zeiten hindurch immer wieder so deutlich in unserem Leben gezeigt hat, die wird jetzt bald in einem Menschen erfahrbar, sichtbar, berührbar. Es kommt das Licht aus der Höhe, damit es denen in Finsternis und Todesschatten erscheint.

Und es verändert unser Leben. Es kommt – sagt Zacharias – Vergebung unserer Sünden, durch die herzliche Barmherzigkeit unseres Gottes. All das, was uns manchmal so schwer auf den Schultern und auf der Seele liegt, der Unfriede mit uns selbst, die gestörten Beziehungen zu anderen Menschen, die Niedergeschlagenheit, aus der wir selbst einfach nicht herausfinden, die Resignation angesichts einer Welt, die vor Waffen starrt, all das findet eine ausgestreckte Hand, in die wir es legen können. Sodass wir unsere Füße von der Last befreit auf den Weg des Friedens richten können.

Das ist die wunderbare Aussicht, die Zacharias vor sich sieht, die sein Herz so froh macht, dass sich seine Zunge löst und er seine Stummheit überwindet und einfach nur begeistert heraussingt.

Im Advent ist es Zeit, in diesen Gesang einzustimmen. Überall leuchten jetzt wieder die Lichter. Manchem ist das schon zu viel. Und die Sorge kommt auf, dass der vorweihnachtliche Kaufrausch das Lied des Zacharias erstickt. Aber es liegt an uns.

Warum brennen die Lichter? Weil sich über lange Zeit der Brauch herausgebildet hat, dass das »Licht aus der Höhe«, von dem Zacharias spricht, eben auch von uns Menschen sinnlich erfahrbar angezündet wird.

Wir können selbst dafür sorgen, dass diese Botschaft der Lichter nicht von der Kommerzialisierung erdrückt wird. Wir können vor einem dieser erhellten Weihnachtsbäume stehen bleiben und ein stilles Gebet sprechen. Wir können an Zacharias und sein begeistertes Lied von dem Licht denken, das aus der Höhe kommt. Dann erkennen wir in den Lichtern des Baums ein sinnliches Zeichen dafür, dass dieses Licht auch in unser Leben gekommen ist.

Vielleicht empfinden wir auch Verdruss angesichts der Riesensummen, die jetzt für alle möglichen Weihnachtsgeschenke ausgegeben werden, die man brauchen kann oder die man vielleicht auch nicht brauchen kann. Dann hilft der Gedanke daran, warum wir solche Geschenke machen, vielleicht indem wir uns beim Weihnachtseinkauf einmal in einer der offenen Kirchen hinsetzen und darüber nachdenken, was der Sinn dieser Geschenke ist: Wir wollen an diesem Fest, an dem wir uns über das Licht freuen, das in die Dunkelheit der Welt gekommen ist, diese Freude an andere weitergeben. Wir wollen ihnen ein Zeichen der Aufmerksamkeit, der Liebe geben. Und wir freuen uns, wenn sie sich

freuen. Es geht nicht um ein großes materielles Neu-
ausstattungsprogramm auf Gegenseitigkeit, sondern
darum, anderen Menschen gegenüber zum Ausdruck zu
bringen: Es ist schön, dass du da bist, und ich habe mir
Gedanken darüber gemacht, worüber du dich freuen
könntest. Das wichtigste Geschenk ist, dass sich jemand Gedanken gemacht und dem anderen damit Zeit
geschenkt hat.

Lassen wir uns unsere Freude über die Ankunft des
Lichts, von dem Zacharias singt, weder durch Kommerzialisierung noch durch die Klage über die Kommerzialisierung verdunkeln! Entdecken wir das Licht hinter
all den Lichtern um uns herum!

Zacharias hat seine Stummheit überwunden. Sein
Lobgesang sagt uns: Auch für euch ist die Zeit der
Stummheit vorbei. Ihr dürft das glauben, was da verheißen wird. Ihr dürft in den Lobgesang einstimmen
und sagen:

Gelobt sei der Herr, der Gott Israels!
Denn er hat besucht und erlöst sein Volk.

Wir sind gemeint: Gott hat uns besucht und uns erlöst!
Deswegen können wir in jedem einzelnen der vielen
Adventslichter das Licht entdecken, das unser Leben
hell macht. Wir werden im Herzen spüren, dass Advent
geworden ist.

Zeit aufzustehen

Seid niemandem etwas schuldig, außer dass ihr euch untereinander liebt; denn wer den andern liebt, der hat das Gesetz erfüllt. Denn was da gesagt ist *(Exodus/2. Mose 20,13–17):* »Du sollst nicht ehebrechen; du sollst nicht töten; du sollst nicht stehlen; du sollst nicht begehren«, und was da sonst an Geboten ist, das wird in diesem Wort zusammengefasst *(Levitikus/3. Mose 19,18):* »Du sollst deinen Nächsten lieben wie dich selbst.« Die Liebe tut dem Nächsten nichts Böses. So ist nun die Liebe des Gesetzes Erfüllung. Und das tut, weil ihr die Zeit erkennt, nämlich dass die Stunde da ist, aufzustehen vom Schlaf, denn unser Heil ist jetzt näher als zu der Zeit, da wir gläubig wurden. Die Nacht ist vorgerückt, der Tag aber nahe herbeigekommen. So lasst uns ablegen die Werke der Finsternis und anlegen die Waffen des Lichts.
RÖMER 13,8–12

Es ist ein starkes Bild, mit dem uns Paulus in die Adventszeit schickt. Advent: Das ist wie aufstehen aus dem Schlaf und sich bereit machen für den neuen Tag.

Und das tut, weil ihr die Zeit erkennt, nämlich dass
die Stunde da ist, aufzustehen vom Schlaf, denn
unser Heil ist jetzt näher als zu der Zeit, da wir
gläubig wurden. Die Nacht ist vorgerückt, der Tag
aber nahe herbeigekommen.

Das ist auch deswegen ein starkes Bild, weil es deutlich
macht, wie schwer das Aufstehen sein kann in einer
Zeit, in der so vieles in unserer Welt und um uns herum
und vielleicht auch in unserem persönlichen Leben wie
Nacht ist. Es ist schwer, das Licht zu sehen, wenn der
Terror uns jetzt so nahe kommt, dass immer mehr ir-
rationale Angst entsteht und schon Diskussionen geführt werden, ob der Besuch eines Advents- oder Weih-
nachtsmarktes oder der Stadionbesuch nicht vielleicht
zu riskant sein könnten.

Es ist schwer, das Licht zu sehen, wenn die Opfer
von Krieg und Gewalt entweder in den Flüchtlingsla-
gern des Nahen Ostens unter erbärmlichen Bedingungen leben müssen oder auf dem Weg nach Europa hin-
und hergeschoben werden und, wenn sie es bis hierher
schaffen, auf ein Volk treffen, das zunehmend verunsi-
chert ist und sich Sorgen macht, ob es weiter so viele
Menschen aufnehmen kann. Es ist schwer, das Licht zu
sehen, wenn in alledem ja die Not im eigenen Land
nicht verschwindet, sondern sichtbar und unsichtbar
um uns herum da ist, aber angesichts der Herausforde-

rungen rund um die Flüchtlinge in den Hintergrund zu treten droht.

Es ist schwer, das Licht zu sehen, wenn in diesen uns bedrängenden Problemen ja auch das zu bewältigen ist, was uns im eigenen Leben beschwert: eine Krankheit, die uns Angst macht, Streit in der Familie, das Gefühl der Einsamkeit oder auch nur eine Kraft- und Mutlosigkeit, für die wir vielleicht gar keinen bestimmten Grund nennen können. Und da sagt Paulus jetzt:

Die Nacht ist vorgerückt,
der Tag aber nahe herbeigekommen.

Es ist Zeit aufzustehen! Dass es leicht ist, sagt er nicht. Ich weiß nicht, ob Sie Frühaufsteher sind oder ob Sie morgens gerne ausschlafen. Aber ich glaube, jeder von uns kennt dieses Gefühl, geweckt zu werden und doch nichts mehr zu ersehnen, als weiterschlafen zu dürfen. Bei den Tatort-Folgen im Fernsehen am Sonntagabend ist es fast schon eine klassische Szene, dass der Tatort-Kommissar im Bett liegt und der Wecker oder das Telefon klingelt, und es dauert eine halbe Ewigkeit, bis der Schlaf überwunden und der arme Mensch handlungsfähig ist. Ja, man möchte sich einfach auf die andere Seite drehen und weiterschlafen. Es dauert zuweilen ziemlich lange, bis man den Wecker hört und beginnt, von Nacht auf Tag umzuschalten.

Aber genau darum geht es im Advent: von Nacht auf Tag umzuschalten. Wachwerden, das heißt, von der Furcht zur Zuversicht aufzustehen. Es heißt, nicht mehr zu liegen, sondern zu stehen, seinen Mann und seine Frau zu stehen. Es heißt, die Lähmung zu überwinden und in Bewegung zu kommen. Es heißt, von verschlossenen Augen hin zu offenen Augen zu kommen, die die Welt und ihre Zerrissenheit wahrnehmen. Und es heißt, nicht länger in der Dunkelheit zu verweilen, sondern auf das Licht zu schauen und hin zum Licht aufzubrechen.

Das ist die Perspektive des Advents. »Macht hoch die Tür, die Tor macht weit. Es kommt der Herr der Herrlichkeit«, so heißt es in einem beliebten Adventslied. Wenn Sie es singen, können Sie schon ein wenig von dem spüren, was die Worte sagen. Vielleicht werden die Tore Ihres Herzens dann weit und öffnen sich für dieses Gefühl der Wärme und Zuversicht, das mit dem Advent verbunden ist. Das in den vielen Lichtern auf Adventskränzen und Christbäumen in der Dunkelheit so sinnlich sichtbar ist, dass es sogar für die Menschen einen Zauber entwickelt, die heute kaum noch etwas von der guten Botschaft wissen, die dahintersteckt.

Es gibt ja ganz unterschiedliche Möglichkeiten, auf all das Flüchtlingselend, die Terrorgefahr, den Klimawandel und all die anderen Probleme der Welt zu reagieren.

Eine mögliche Reaktion ist schlicht die Angst. Man zieht sich zurück. Man versucht, alles zu vermeiden, was irgendwelche Risiken für das eigene Leben bedeuten könnte. Und man hofft einfach, dass die Gefahr irgendwie verschwindet und bis dahin ein effektiver Sicherheitsapparat die Risiken begrenzt.

Eine zweite mögliche Reaktion ist die Flucht auf die private Insel. Man kann und will all die Meldungen über Krieg und Gewalt nicht mehr hören. Man schaltet um aufs andere Programm, wenn wieder eine Sondersendung angesetzt ist, die einmal mehr ›runterzieht‹. Ein guter Rotwein und eine amüsante Liebeskomödie wirken manchmal Wunder gegen die aufkommende Verzweiflung.

Oder wir reagieren genau umgekehrt. Wir mobilisieren die letzten Kräfte, um persönlich zu helfen, wo immer wir können. Wir gehen an unsere Grenzen oder sogar darüber hinaus, weil jeder Mensch, dem geholfen wird, ein Stück Licht in der Dunkelheit bedeutet.

Vielleicht kennen wir alle drei Antworten von uns selbst. Vielleicht reagieren wir auch in einer Mischung aus allen dreien: der Angst vor der Gefahr, dem Rückzug in die private Insel zur Regeneration und der verstärkten Hilfsaktivität. Vermutlich neigen gerade engagierte Christen besonders zur letzten Antwort. »Was ihr getan habt einem von diesen meinen geringsten Brüdern und Schwestern, das habt ihr mir getan«, sagt unser Herr (Matthäus 25,40). Also gibt es nichts Gutes, außer man tut es.

Aber die adventliche Antwort ist eine andere. Und vielleicht müssen wir sie gerade dann neu hören, wenn unsere Antwort auf die Bedrängnis dieser Tage das beherzte Hilfshandeln ist.

> Das tut, weil ihr die Zeit erkennt, nämlich dass die Stunde da ist, aufzustehen vom Schlaf, denn unser Heil ist jetzt näher als zu der Zeit, da wir gläubig wurden. Die Nacht ist vorgerückt, der Tag aber nahe herbeigekommen. So lasst uns ablegen die Werke der Finsternis und anlegen die Waffen des Lichts.

Wer von uns schafft den Tag heran, bevor er aufsteht? Der Tag kommt von selbst! Woher kommt das Licht des Tags? Kommt es von uns? Oder kommt es von dem, der die Welt geschaffen und Nacht und Tag voneinander geschieden hat?

Wer erlöst die Welt? Sind wir es oder ist es der, von dem die Lichter auf den Weihnachtsmärkten und auf den Christbäumen zeugen? Wenn wir versuchen, bei so viel Not konkret zu helfen, dann muten wir uns nicht selbst zu, die Welt zu retten, sondern wir bezeugen, dass sie bereits gerettet ist. Glauben wir wirklich, dass der Tag kommt? Oder meinen wir, ihn herbeiführen zu müssen?

Es ist viel Vertrauen, das uns der Advent abverlangt. Das Vertrauen, dass all das Unheil nicht das letzte Wort ist. Das Vertrauen, dass die Dunkelheit weichen wird. Das Vertrauen, dass unser Herr kommt.

Woher kommt dieses Vertrauen? Vielleicht gibt es Menschen, denen ein solches Vertrauen einfach mitgegeben ist, die aus einem Urvertrauen leben, dessen Wurzeln man nicht wirklich zurückverfolgen kann. Die Psychologen würden wahrscheinlich am ehesten in der frühen Kindheit bei den Elternbeziehungen auf Spurensuche gehen. Aber glücklicherweise lässt sich ein Leben aus Vertrauen nicht auf solche günstigen Bedingungen reduzieren. Glücklicherweise ist unser Leben in mehr eingezeichnet als unsere familiären Wurzeln, die eben so oder so ausfallen können.

Glücklicherweise ist unsere Biografie eingeschrieben in die große Geschichte Gottes mit den Menschen, die er geschaffen hat, die er erhält und auf die er in unendlicher Liebe schaut. Das zu wissen und das immer wieder von Neuem in unser Herz, in unsere Seele aufzunehmen: Das ist die Quelle des Vertrauens – gerade in einer Zeit der Angst und der Unsicherheit.

Und deswegen ist das Buch so wichtig, in dem die Geschichte Gottes mit den Menschen aufgeschrieben worden ist. In den Schriften des Alten und des Neuen Testaments werden die Geschichten von Gefahr und Rettung, von Angst und Trost, von Verlorenheit und Erlösung erzählt. Jeden Tag können wir sie lesen und zum Teil unserer Existenz werden lassen. Die Geschichten von der Untreue des Volkes Gott und seinen Geboten gegenüber und dann von Gottes Barmherzigkeit und dem ewigen Bund, den Gott mit seinem Volk schließt.

> Es sollen wohl Berge weichen und Hügel hinfallen,
> aber meine Gnade soll nicht von dir weichen
> und der Bund meines Friedens soll nicht hinfallen,
> spricht der HERR, dein Erbarmer.
> JESAJA 54,10

In diesem Buch lesen wir die Geschichten von der Hoffnung Israels auf einen Heiland, der Frieden und Gerechtigkeit schafft. Und dann die Geschichten von den Engeln, die rufen:

> Fürchtet euch nicht,
> denn euch ist heute der Heiland geboren!
> LUKAS 2,10–11

In diesem Buch lesen wir die Geschichten von Jesus von Nazareth, der gekreuzigt wurde, die bittere Nacht des Todes selbst erfahren hat und dann von Gott auferweckt wurde. Er hat dem Tod und all der Dunkelheit, die mit ihm verbunden ist, ein für alle Mal die Macht genommen. Das sind die Geschichten, aus denen wir leben dürfen. Das sind die Quellorte, aus denen unser

Vertrauen wächst und immer wieder von Neuem genährt wird.

Ich habe viel von dieser Zuversicht gespürt, als ich
während der Weltklimakonferenz der Vereinten Nationen (30. November bis 12. Dezember 2015) in der Ka-
thedrale von St. Denis mit Menschen Gottesdienst gefeiert habe, die auf einem Klima-Pilgerweg durch halb
Europa gelaufen waren, um auf die hohe Verantwortung der Regierenden bei der Pariser Konferenz hinzuweisen. Die fast 1,8 Millionen Unterschriften, die sie
gesammelt hatten, haben sie an die Leiterin des Klima-
büros der Vereinten Nationen, Christina Figueres,
übergeben. Mit Tränen in den Augen hat sie sich dafür
bedankt. Die Veranstaltung endete mit einem Ausdruck
der Lebensfreude. Bei der Schlussmusik wagte die
UN-Klimachefin ein Tänzchen mit dem Erzbischof von
Kapstadt – und kurz danach waren wir alle dabei. Es
war ein Ausdruck von Hoffnung und Lebensfreude – so,
wie sie die biblischen Geschichten freisetzen.

Denn die Bibel ist der Ort, an dem wir all diese Geschichten finden, sie ist das große Hoffnungsbuch unserer Zeit. Die Bibel hilft uns, zu sehen, wie die Nacht
vorgerückt ist, wie der Tag nahe herbeigekommen ist.
Die Bibel hilft uns abzulegen die Werke der Finsternis
und anzulegen die Waffen des Lichts, die so anders
sind als die Waffen, die Tod und Schrecken verbreiten.

Die Bibel hilft uns, in Zeiten des Terrors ohne Angst
zu leben, die Kostbarkeit des Lebens in der Seele wahr-

zunehmen und die Liebe auszustrahlen, die mehr von Gott erzählt als alle Missionsstrategien es ausdenken können.

Ja, das Aufstehen, wenn der neue Tag anbricht, fällt manchmal schwer. Aber wir kennen vielleicht auch dieses wunderbare Gefühl, wenn wir schließlich wach sind. Wenn der Tag beginnt. Wenn wir mit frischer Kraft in den ankommenden Tag starten.

Das ist das Adventsgefühl, mit dem wir nicht nur in die vorweihnachtliche Zeit starten dürfen. Es ist das Gefühl, mit dem wir in unser ganzes Leben starten dürfen.

Mehr Kraft geht nicht!

Dein König kommt zu dir

Als sie nun in die Nähe von Jerusalem kamen, nach Betfage an den Ölberg, sandte Jesus zwei Jünger voraus und sprach zu ihnen: Geht hin in das Dorf, das vor euch liegt, und gleich werdet ihr eine Eselin angebunden finden und ein Füllen bei ihr; bindet sie los und führt sie zu mir! Und wenn euch jemand etwas sagen wird, so sprecht: Der Herr bedarf ihrer. Sogleich wird er sie euch überlassen. Das geschah aber, damit erfüllt würde, was gesagt ist durch den Propheten, der da spricht *(Sacharja 9,9):* »Sagt der Tochter Zion: Siehe, dein König kommt zu dir sanftmütig und reitet auf einem Esel und auf einem Füllen, dem Jungen eines Lasttiers.« Die Jünger gingen hin und taten, wie ihnen Jesus befohlen hatte, und brachten die Eselin und das Füllen und legten ihre Kleider darauf, und er setzte sich darauf. Aber eine sehr große Menge breitete ihre Kleider auf den Weg; andere hieben Zweige von den Bäumen und streuten sie auf den Weg. Die Menge aber, die ihm voranging und nachfolgte, schrie: Hosianna dem Sohn Davids! Gelobt sei, der da kommt in dem Namen des Herrn! Hosianna in der Höhe! *(Psalm 118,25–26)*

Und als er in Jerusalem einzog, erregte sich die ganze Stadt und fragte: Wer ist der? Die Menge aber sprach: Das ist Jesus, der Prophet aus Nazareth in Galiläa.

MATTHÄUS 21,1–11

Wer ist der?, fragen die Leute, als Jesus auf einem Esel durch die Tore Jerusalems reitet und eine ganze Stadt auf den Beinen ist und ihm zujubelt. Wer ist der?, fragen wir zu Recht bis heute, obwohl der Name dieses Mannes sich in den zweitausend Jahren nach seinem Auftreten in alle Welt ausgebreitet hat und sich viele Hundert Millionen Menschen auf dem ganzen Erdkreis nach ihm »Christen« nennen. Wer ist dieser Christus, dass die Erinnerung an seine Geburt jedes Jahr Kinderaugen zum Glänzen bringt, einen Zauber von Lichtern entstehen lässt, dem sich kaum jemand entziehen kann, und in unseren Herzen eine Wärme oder jedenfalls eine Sehnsucht nach Wärme erweckt wie zu keiner anderen Zeit des Jahres? Wer ist dieser Christus, dass sogar schon das Warten auf dieses Fest seiner Geburt die Welt anders macht?

Ich weiß nicht, wie es Ihnen geht. Aber ich freue mich auf den Advent. Ich freue mich, wenn wieder die Adventslieder gesungen werden. Ich freue mich, wenn wieder auf dem Kranz die Kerzen brennen. Und ich warte mit den Lebkuchen und den Spekulatius, bis wirklich Advent ist. Für mich ist die Zeit des Wartens auf Weihnachten eine gesegnete Zeit. Es ist die Zeit des Wartens darauf, dass Jesus Einzug hält.

In vielen Situationen meines Lebens habe ich gespürt, warum es richtig ist, zusammen mit den Menschen in Jerusalem heraus auf die Straße zu gehen und diesen Mann auf dem Esel zu empfangen. Und immer wieder neu die Frage der Leute in Jerusalem zu stellen: »Wer ist der?« Wer ist der, der auch noch zweitausend Jahre nach seinem Auftreten so viel Kraft ausstrahlt?

Er ist ja so anders als all die Könige, die wir kennen. Die modernen Lichtgestalten sind reich und schön. Und sie zeigen ihre Schönheit. Wenn ein König oder eine Queen heute in seine oder ihre Stadt einzieht, zur Krönung oder zum Thronjubiläum, dann ist alles eine perfekt inszenierte und bis ins Kleinste vorbereitete Sache. Ob es eine goldene Kutsche ist mit sechs weißen Pferden vorne dran oder eine große schwarze Limousine: Die äußere Pracht des Einzugs unterstreicht die Bedeutung der Gefeierten. Gekrönte Häupter oder Staatschefs aus der ganzen Welt reisen an, um dabei zu sein und dem Ereignis Glanz zu geben. Und es nehmen so viele Menschen daran Anteil, es wird in so viele Länder der Welt im Fernsehen übertragen, weil wir alle unsere eigenen Sehnsüchte nach Reichtum, Prunk und Schönheit in die Könige, Machthaber und Stars von heute hineinprojizieren können.

Und Jesus? Er kommt auf einem Esel in die Stadt geritten. Keine hochgestellten Persönlichkeiten gehen mit ihm – nur seine Jünger. Er ist so anders als alle hohen Herrschaften, die wir heute vor Augen haben, und auch ganz anders als all die Könige, die die Menschen in Jerusalem kannten. Und dennoch haben sie ihm zugejubelt! Das ist das wirklich Erstaunliche für mich. Wir wissen alle, dass die Stimmung sich gewendet hat. Wir wissen, dass die Leute jetzt »Hosianna« schreien und nur wenig später »Kreuziget ihn!«, weil sie entsprechend aufgehetzt worden sind. Aber erstaunlich ist doch, dass die Menschen überhaupt einem König zujubeln, der alles auf den Kopf stellt, was sie kennen! Welche Kraft muss von Jesus ausgegangen sein, dass die Menschen ihm zugejubelt haben, ihre Hoffnung auf ihn gesetzt haben, obwohl er auf einem Esel dahergeritten kommt! Wie tief muss es die Menschen in ihrer Seele berührt haben, wie er mit ihnen umgegangen ist!

Jesus hat Gewalt nicht mit Gegengewalt beantwortet, sondern er hat gesagt: Liebet eure Feinde! (Matthäus 5,44). Er hat die aus der Gesellschaft Ausgestoßenen, die, auf die alle anderen herabgeschaut haben, nicht verurteilt, sondern er hat gesagt: Wer unter euch ohne Sünde ist, der werfe den ersten Stein! (Johannes 8,7). Er hat die Traurigen getröstet und die Kranken und Lahmen in Leib und Seele gestärkt und gesagt: Kommt her, die ihr mühselig und beladen seid, ich will euch erquicken! (Matthäus 11,28). Und er hat sich zum

Anwalt der Armen gemacht und ihnen das Evangelium verkündigt (Lukas 4,18) und gesagt: Selig sind, die hungert und dürstet nach der Gerechtigkeit, denn sie sollen satt werden! (Matthäus 5,6).

Und – das will ich in dieser Zeit mit besonderem Nachdruck sagen: Er hat damit ein Zeichen gesetzt gegen den Kult der Starken, gegen Hass, gegen die Ausgrenzung der Schwachen, wie sie uns in der rechtsradikalen Ideologie mit ihren mörderischen Folgen begegnet. Sie ist eine menschenverachtende Ideologie, die in scharfem Gegensatz zum christlichen Glauben steht. Christinnen und Christen sind heute gefragt, überall da Einspruch zu erheben, wo offen oder hinter vorgehaltener Hand gegen Ausländer oder Angehörige anderer Religionen gehetzt oder Hass geschürt wird, wo andere herabgesetzt werden. Wir können den Friedefürsten in dieser Adventszeit nicht empfangen, ohne auch die Geringsten seiner Brüder und Schwestern mit zu empfangen.

Die Menschen zur Zeit Jesu haben gespürt, dass mit diesem König auf dem Esel ein Kraftfeld der Liebe sich auszubreiten begann, das ihr Herz erfasst und sie neu gemacht hat. Sie haben gespürt, dass alle Werte sich umdrehen, dass an die Stelle des materiellen Reichtums der Reichtum der Seele zu treten begann. Und deswegen haben sie sich an die Straße gestellt, Zweige von den Bäumen gebrochen, ihre Kleider auf den Weg gelegt und gerufen: »Hosianna, dem Sohn Davids!«

Wir kennen Hosianna ja hauptsächlich als Lobruf, als Huldigung gegenüber dem, der da kommt. Aus dem Aramäischen übersetzt, kann das Hosianna aber auch ein Verzweiflungsschrei sein: »Hilf doch«! Es ist der Verzweiflungsschrei all derer, die erschrecken über die Gewalt in der Welt, denen bange ist vor der Zukunft, die körperlich oder seelisch am Ende sind. So rufen die Menschen in Jerusalem, weil sie auf einen Retter hoffen, der der Verzweiflung ein Ende setzt.

Und so dürfen auch wir rufen, wenn wir Jesus in unser Herz einziehen lassen: Hosianna! Herr, hilf doch! Als Lobruf für unser Glück oder als Hilferuf für unsere Beschwernis. Wir dürfen das heute rufen, ganz gleich, was es ist, das uns das Herz schwer macht. Ob es eine Krankheit ist, der wir ausgeliefert sind und der gegenüber wir nur Ohnmacht empfinden. Ob es Streit in der Familie ist, der sich wie eine böse Macht unter uns ausbreitet und der all das zu erdrücken droht, was uns verbindet. Ob es die Erfahrung des Altwerdens ist, die wir nur schwer annehmen können und die mit so vielen körperlichen und seelischen Mühsalen verbunden ist. Oder ob es einfach ein ganz unbestimmtes, aber ebenso unerbittliches Gefühl der Hoffnungslosigkeit ist, das in uns Schwermut aufkommen lässt.

Ganz gleich, was uns niederdrückt: Heute sehen wir den Retter. Heute dürfen wir all das, was uns das Herz schwer macht, diesem Retter entgegenrufen und schreien: Hosianna! Herr, hilf doch! Heute dürfen wir unser Herz öffnen und das Unglaubliche glauben und in den Ruf der Menschen in Jerusalem einstimmen und rufen:

Hosianna dem Sohn Davids!
Gelobt sei, der da kommt in dem Namen des Herrn!
Hosianna in der Höhe!

Jesus kann uns das, was uns das Herz schwer macht, nicht einfach wegzaubern. Aber Jesus kann uns helfen, damit umzugehen. Jesus sagt: Selig sind, die da Leid tragen, denn sie sollen getröstet werden. Das Schauen auf Jesus, auf sein Leben und sein Sterben und sein Auferstehen kann uns tief im Herzen die Gewissheit geben, dass diese Worte nicht in den Wind gesprochen sind, sondern dass dieses Seligsein schon jetzt erfahrbar ist.

»O Heiland, reiß die Himmel auf«, so heißt es in einem Adventslied als Schrei nach Erlösung. Dieser Ruf ist schon erhört. Der Heiland zieht heute in unsere Stadt ein. Der Himmel ist aufgerissen.

Der Zug der Erlösten

Stärkt die müden Hände und macht fest die wankenden Knie! Sagt den verzagten Herzen: »Seid getrost, fürchtet euch nicht! Seht, da ist euer Gott! Er kommt zur Rache; Gott, der da vergilt, kommt und wird euch helfen.« Dann werden die Augen der Blinden aufgetan und die Ohren der Tauben geöffnet werden. Dann werden die Lahmen springen wie ein Hirsch, und die Zunge der Stummen wird frohlocken. Denn es werden Wasser in der Wüste hervorbrechen und Ströme im dürren Lande. Und wo es zuvor trocken gewesen ist, sollen Teiche stehen, und wo es dürre gewesen ist, sollen Brunnquellen sein. Wo zuvor die Schakale gelegen haben, soll Gras und Rohr und Schilf stehen. Und es wird dort eine Bahn sein, die der heilige Weg heißen wird. Kein Unreiner darf ihn betreten; nur sie werden auf ihm gehen; auch die Toren dürfen nicht darauf umherirren. Es wird da kein Löwe sein und kein reißendes Tier darauf gehen; sie sind dort nicht zu finden, sondern die Erlösten werden dort gehen. Die Erlösten des HERRN werden wiederkommen und nach Zion kommen mit Jauchzen; ewige Freude wird über ihrem Haupte sein; Freude und Wonne werden sie ergreifen, und Schmerz und Seufzen wird entfliehen.

JESAJA 35,3–10

Der Prophet Jesaja hatte eine sehr konkrete Gruppe von Menschen vor Augen, als er seine Verheißungsworte sprach. Es ist das Volk Israel, das nach Babylon verschleppt war und sich danach sehnte, wieder in die Heimat zurückkehren zu dürfen. Man stellte sich den Weg zurück ins Heilige Land vor wie einen Festzug durch die Wüste ins Land der Verheißung, so wie es die Vorfahren bei der Befreiung aus der Knechtschaft in Ägypten und dem Zug durch die Wüste ins Gelobte Land erfahren hatten. Es sollten die sein, die sich gehorsam an Gottes Gebot hielten, die ihrem Gott auch in der Zeit des Exils die Treue gehalten und ihre Gotteskindschaft sichtbar gemacht hatten. Sie sollten von ihrem Gott nach Hause geleitet werden.

Der erstgeborene Sohn des Propheten Jesaja trägt den Symbolnamen »Schear jaschuw«, das heißt: »Ein Rest kehrt um«. Der Name ist eine Botschaft: Die Katastrophe des Exils in Babylon wird nicht das ganze Volk vernichten. Ein Rest wird bewahrt und gerettet werden. Was in den Worten des Jesaja diesem bewahrten Überrest Israels auf dem Weg aus dem Exil verheißen war, darauf dürfen wir uns alle freuen. Der gleiche

Jesaja spricht an anderer Stelle von denen, die im Finstern wandeln und ein großes Licht sehen. Dieses Licht hat für uns mit Jesus einen Namen bekommen. Der Name »Jesus«, »Jehoschua« bedeutet: »Der HERR rettet«. Der Name ist eine Botschaft: Der Herr rettet und nimmt uns alle in die Gruppe derer hinein, die auf dem Weg ins Gelobte Land sind. Das ist die Botschaft des Advents.

Wir leben heute in Deutschland nicht im Krieg. Wir leiden auch nicht mehr unter Hungersnöten. Und glücklicherweise bekämpfen sich Katholiken und Protestanten heute nicht mehr mit Waffen, sondern ringen friedlich um die Einheit der Christenheit und erfahren die Gemeinschaft um Christus herum auch immer wieder in vielfältigen ökumenischen Zusammenhängen. Wir können für all das gar nicht dankbar genug sein. Und doch brauchen auch wir den Zuspruch, den Jesaja zum Ausdruck bringt:

Freude und Wonne werden sie ergreifen,
und Schmerz und Seufzen wird entfliehen.

Ja, es gibt den Schmerz und das Seufzen. Menschen, die müde sind, weil es kaum noch gelingt, alle Anforderungen zu bewältigen: sich bei der Arbeit voll einzusetzen, der Familie gerecht zu werden, die Kinder in der Schule zu begleiten, sich um die Alten zu kümmern.

Oder wenn wir es schwer haben miteinander in der Familie. Wenn wir einander Vorwürfe machen und das Gespräch, das klären soll, nur noch in mehr Verletzungen mündet. Wenn wir uns nach Liebe und Harmonie sehnen, aber kriegen es einfach nicht hin, dass sie sich einstellen. Wenn wir vor unserer eigenen Beziehungswüste stehen. Dann dürfen wir innehalten und einfach hören:

> Denn es werden Wasser in der Wüste hervorbrechen und Ströme im dürren Lande. Und wo es zuvor trocken gewesen ist, sollen Teiche stehen, und wo es dürre gewesen ist, sollen Brunnquellen sein. Wo zuvor die Schakale gelegen haben, soll Gras und Rohr und Schilf stehen.

Und vielleicht tut sich etwas bei uns im Herzen, und wir spüren: So wie Gott die vielen Glaubenden vor mir durch viele Jahrhunderte hindurch in den guten und in den schweren Zeiten geleitet und geführt hat und neue Türen aufgemacht hat, wo kein Weg mehr sichtbar war, so wird er auch mich begleiten, so wird er auch mir neue Türen öffnen.

»Bereitet dem Herrn eine Bahn!«, ruft Johannes der Täufer den Menschen seiner Zeit zu. Und er meint damit denjenigen, der kommen wird, um Gottes Nähe zu den Menschen für alle sichtbar werden zu lassen. Die Lichter, die jetzt in der Adventszeit überall zu sehen sind, kündigen ihn an. Und wir dürfen jetzt wissen, dass der Weg durch die Wüste, der Weg, auf dem wir keine Angst mehr zu haben brauchen vor hungrigen Löwen und reißenden Tieren, sich für uns alle öffnet, dass wir dabei sein werden, wenn die Erlösten des Herrn wiederkehren und nach Zion kommen mit Jauchzen und ewige Freude über ihrem Haupte sein wird.

Was für eine Aussicht, dass das Volk Gottes einen solchen Zug bildet und alle Menschen es sehen, sich inspirieren lassen und nicht widerstehen können und mitlaufen!

Ich stelle mir vor, wie das wäre, wenn die Menschen in unserer Zeit, die so oft nichts mehr von Gott wissen, das sehen würden. Wie sie die Christinnen und Christen sehen würden, und sie sähen erlöst aus! Sie strahlten die Liebe aus, von der sie sprechen, sie würden erkennbar als das Salz der Erde und Licht der Welt, das sie sind.

Ich sehe – jedenfalls die Umrisse – dieses Zuges der Kinder Gottes durch die geistliche und seelische Wüste unserer Tage. Ich sehe Menschen, die sich gerade in der Adventszeit für andere einsetzen: in Adventsbasaren, die mit viel Liebe vorbereitet worden sind und deren Erträge Menschen zugutekommen, denen es weniger gut geht als uns.

Ich sehe Menschen, die in der Adventszeit Lichter anzünden – ganz wörtlich, indem sie sich eine Auszeit nehmen, auf den brennenden Adventskranz schauen und einen biblischen Text lesen. Ich sehe sie aber auch innerlich ein Licht anzünden, indem sie sich einen Ruck geben und Streit überwinden, sich zurücknehmen, sich mit ihrem Streitpartner versöhnen.

Ich sehe Menschen, die sich für die Würde aller Menschen einsetzen, indem sie Flüchtlinge nicht alleinlassen, indem sie sich um Menschen kümmern, die in Armut geraten sind, indem sie sich für eine Neuorientierung der Wirtschaft engagieren, die die Natur nicht länger zerstört.

Die Menschen, die ich da sehe, sehen tatsächlich erlöst aus. Sie sind glücklich, weil sie anderen helfen können. Sie leben gerne. Sie wissen, dass ihr Leben einen tiefen Sinn hat. Sie feiern gerne Feste, weil sie ihren Gott gerne loben für all den Reichtum, den er in ihr Leben gibt.

Ich möchte mich einreihen in den Zug der Erlösten und auf die Worte des Jesaja hören und tief in der Seele spüren, dass sie uns, dass sie mich meinen:

Die Erlösten des HERRN werden wiederkommen und nach Zion kommen mit Jauchzen; ewige Freude wird über ihrem Haupte sein; Freude und Wonne werden sie ergreifen, und Schmerz und Seufzen wird entfliehen.

Friedenslicht aus Bethlehem

Jesus spricht: Ihr habt gehört, dass gesagt worden ist: Auge um Auge und Zahn um Zahn.

Ich aber sage euch: Leistet dem, der euch etwas Böses antut, keinen Widerstand, sondern wenn dich einer auf die rechte Wange schlägt, dann halt auch die andere hin.

Ihr habt gehört, dass gesagt worden ist: Du sollst deinen Nächsten lieben und deinen Feind hassen.

Ich aber sage euch: Liebt eure Feinde und betet für die, die euch verfolgen, damit ihr Kinder eures Vaters im Himmel werdet.

Selig sind die Friedensstifter, denn sie werden Gottes Kinder heißen.

MATTHÄUS 5,38–39.44–45; 5,9

Es ist etwas ganz Besonderes, wenn wir ein Bibelwort sinnlich erfahren können. Wenn wir seine Kraft nicht nur aus den Worten schöpfen, sondern wenn die Sinne das Wort mithören. Das »Friedenslicht aus Bethlehem« ist ein solches Zeichen. Seit 1986 entzündet jedes Jahr ein Kind in Bethlehem in der Geburtsgrotte ein Licht, das in die ganze Welt gesandt wird. In Deutschland begleiten die evangelischen und katholischen Pfadfinderinnen und Pfadfinder das Licht auf seinem Weg an über fünfhundert Orte. Die jährliche Lichtstafette führt uns unmittelbar vor Augen: Dunkelheit ist Angst, ist Leid, ist Tod. Licht ist Liebe, ist Hoffnung, ist Frieden.

Es schwingt so viel mit, wenn Menschen mit ihren Herzen und Sinnen das Friedenslicht aus Bethlehem kommen sehen. Wenn sie aus unseren Häusern kommen und dem Friedenslicht an einem der vielen Orte begegnen. Vielleicht gestresst von all den Dingen, die in der Vorweihnachtszeit noch zu tun sind, vielleicht belastet von Streit und Zwietracht in der Familie oder bei der Arbeit, und dann spüren sie, wie sich Friede auszubreiten beginnt.

Es ist etwas sehr Bewegendes und Hoffnung Machendes, wenn wir die jungen Leute sehen, die Lichtbringer werden, Teil einer großen Bewegung, die den Frieden ausbreitet. Und es ist besonders bewegend, wenn sie dieses Licht aus Bethlehem bringen.

Denn Bethlehem steht für das eine Licht, von dem die vielen Lichter zeugen. Bethlehem steht für die große Tür, die Gott für die Welt aufgemacht hat. Bethlehem steht für den Heiland der Welt, der alles anders gemacht hat.

Und gleichzeitig steht Bethlehem für einen Ort in der Welt, den wir »Heiliges Land« nennen und gleichzeitig als so heillos erfahren. Es gibt wenige Konflikte in dieser Welt, in denen die Spirale der Gewalt sich so scheinbar unüberwindlich zeigt wie in Israel und Palästina. Jede der beiden Seiten kann tausend Gründe dafür anführen, warum sie sich gegen die andere Seite wehrt. Die Palästinenser sprechen von der Vertreibung aus ihrem Land, von den Restgebieten, die ihnen geblieben sind und die sich wie ein Gefängnis anfühlen, von Militäraktionen der anderen Seite, denen sie ohnmächtig ausgeliefert sind. Die Israelis weisen auf die tägliche Gefahr des Beschusses durch palästinensische Raketen hin, auf durch Selbstmordattentate zerfetzte israelische Kinder, Attentate, die erst durch die große Mauer aufgehört haben. Sie zitieren arabische Machthaber, die als ihr großes Ziel die Vernichtung Israels ausrufen, und sie geloben, sich nie wieder ohne Gegenwehr solcher Vernichtung auszusetzen.

Und wer all das hört, spürt eine innere Zerrissenheit. Jede der einzelnen Leidgeschichten, egal von welcher Seite, rührt an, macht unruhig, weckt Anteilnahme. Und übrig bleibt ein Gefühl tragischer Verstrickung der jeweils in sich nachvollziehbaren Perspektiven beider Seiten. Und eine große Sehnsucht nach Frieden. Eine große Sehnsucht nach Überwindung der Gewalt. Eine große Sehnsucht nach Umkehr der Gewaltspirale in eine Spirale der Empathie, des Verständnisses, ja vielleicht sogar der Liebe.

Nichts weniger als das ist der Kern der Worte Jesu zur Feindesliebe in der Bergpredigt des Evangeliums:

Ihr habt gehört, dass gesagt worden ist: Du sollst deinen Nächsten lieben und deinen Feind hassen. Ich aber sage euch: Liebt eure Feinde und betet für die, die euch verfolgen, damit ihr Kinder eures Vaters im Himmel werdet.

Jesu radikale Aufforderung, dem Unrecht nicht zu widerstehen, dem, der einen auf die eine Backe schlägt, auch noch die andere hinzuhalten, ist immer wieder als naive Verkennung der Macht des Bösen dargestellt worden. Gründlicher könnte man diese Worte gar nicht missverstehen. Jesus kennt die Abgründigkeit der menschlichen Existenz ganz genau. Und genau deswegen sagt er, was er sagt! Wer Gewalt mit Gegengewalt beantwortet, vermag sie gerade nicht zu überwinden! Wer Gewalt mit Gegengewalt beantwortet, macht sich Illusionen!

Die Worte Jesu dagegen bedeuten, den Feind damit zu verblüffen, dass wir uns nicht auf die von ihm losgetretene Spirale der Entmenschlichung einlassen, dass wir ihn erst recht als Menschen sehen und ihn in seiner Menschlichkeit ernst nehmen. Das ist die einzig wirklich realistische Alternative. Gewalt verroht. Gewalt verschüttet die Menschlichkeit – manchmal ohne dass wir es merken. Noch immer trauen wir der Gewalt viel zu viel zu.

Wer die Konflikte der Welt analysiert, wird sehen, dass es in den meisten Fällen nicht gelungen ist, die

Gewalt durch Gegengewalt zu überwinden. Fast immer, wenn Waffen zur Bekämpfung von Gewalt eingesetzt werden, ist die Frucht nur noch mehr Gewalt. Mag sein, dass es manchmal ein gutes Motiv ist, aus dem heraus Waffen geliefert werden, um zur Bekämpfung von Unrecht eingesetzt zu werden. Aber am Ende geraten sie eben doch unkontrolliert in viele andere Hände, die nur noch mehr Unrecht tun.

Deswegen hat Jesu Gebot der Feindesliebe auch klare Konsequenzen für die Politik. Es ist eine zweifelhafte Ehre, wenn unser Land nach den Weltmächten USA, Russland und China zum weltweit viertgrößten Waffenexporteur aufgestiegen ist. Wer die Anwendung von Gewalt zur internationalen Aufrechterhaltung des Rechts nicht völlig ausschließt, wird nicht für ein ausnahmsloses Verbot solcher Exporte eintreten können. Aber eine strenge Kontrolle anhand enger ethischer Kriterien ist in jedem Falle notwendig.

Jedes Jahr stellt die »Gemeinsame Konferenz Kirche und Entwicklung« einen Rüstungsexportbericht für Deutschland vor. Die »Gemeinsame Konferenz« ist ein evangelisch-katholischer Arbeitsverbund zur Entwicklungspolitik. Als gemeinsame Stimme der beiden großen Kirchen in Deutschland will sie dem Gedanken der einen Welt in unserem Land politisches Gewicht verleihen. In dem Rüstungsexportbericht 2015 heißt es: »Liefergenehmigungen in Drittstaaten – Länder außerhalb von EU und NATO – machen ... immer noch fast die

Hälfte aller deutschen Rüstungsexporte aus; das ist viel zu viel für eine Ausnahmeregelung. Empfänger deutscher Rüstungsexporte sind nach wie vor zahlreiche Länder mit einer schwierigen Menschenrechtssituation, mit internen oder regionalen Gewaltkonflikten.«

Die tatsächlichen Waffenexporte sind also weit mehr als eine Reaktion auf Ausnahmesituationen anhand strenger ethischer Kriterien.

Weiter heißt es in dem Bericht: »Ein besonders problematisches Empfängerland ist Saudi-Arabien. Manche sehen in dem Golfstaat einen strategischen Partner, gerade wegen seiner Rolle im Golfkooperationsrat. Die Menschenrechtspraxis des Landes ist abgründig, das regionale Machtstreben des Königshauses ausgeprägt, die Rolle in der Region gerade nicht stabilisierend. Die Beziehungen zu den Salafisten und ihren Organisationen werfen viele Fragen auf. Dennoch hat die Bundesregierung im Januar 2015 den Export von Rüstungsgütern nach Saudi-Arabien im Wert von 110 Millionen Euro genehmigt.«

Die Entscheidungen über solche Rüstungsexporte werden im sogenannten »Bundessicherheitsrat« getroffen. Dieses Gremium aus Mitgliedern der Bundesregierung berät geheim; die Öffentlichkeit wird über die Sitzungen und deren Tagesordnung nicht informiert. Der Bundestag oder der Bundesrat hat keine unmittelbare Mitsprache bei den Genehmigungsverfahren. Gerade weil die Kriterien für die Anwendung militärischer Gewalt aus der Sicht christlicher Ethik so eng sind, muss die Frage, ob und in welchem Maß aus unserem Land Waffen an andere Länder geliefert werden dürfen, öffentlich diskutiert werden. Es kann nicht sein, dass die Öffentlichkeit bei einer ethisch so sensiblen Frage einfach außen vor gelassen wird. Wir brauchen eine Demokratisierung der Diskussion um die ethisch ebenso komplexe wie hochsensible Frage der Waffenproduktion und des Waffenexports.

Teil einer solchen Diskussion muss die Frage sein, welche Alternativen es zur Konfliktlösung mit Waffen gibt. Wir Christinnen und Christen können nicht anders, als dabei auf den Weg Jesu zu sehen und darüber nachzudenken, wie dieser Weg in unserer Welt heute mitgegangen werden kann. Wie kann eine intelligente Feindesliebe heute aussehen? Wie kann Jesu Impuls zur Freisetzung einer Spirale der Menschlichkeit heute Gestalt gewinnen?

Wir brauchen Lernorte des Friedens, die auf diese Frage konkrete Antworten finden. Im Labenbachhof bei Ruhpolding ermöglicht die evangelische Stiftung »Wings of Hope« in ihrer jährlichen Sommerakademie jungen Menschen Erfahrungen, die eine solche Spirale der Menschlichkeit in Gang setzen können. Israelische und palästinensische Jugendliche begegnen sich dort 14 Tage lang und lernen miteinander, was Frieden heißen kann. Sie tauschen sich aus, lernen etwas über die Sichtweisen der anderen und stellen die eigenen Vorurteile infrage. Viele der jungen Erwachsenen bleiben auch nach der Sommerakademie in Kontakt miteinander.

Sie haben die Perspektive der anderen kennengelernt und jedenfalls eine Zeitlang zu ihrer eigenen gemacht. Sie werden als Konfliktparteien im Nahen Osten Probleme haben, aufeinander zu schießen. Ein konkretes Stück Friedensarbeit – viel wirksamer als der Weg der Gewalt!

Auch die Aktion »Friedenslicht aus Bethlehem« ist ein solcher Lernort des Friedens. Die Lichter werden an viele Orte getragen. Und an jedem dieser Orte werden Menschen mit der sinnlichen Erfahrung des Lichtes spüren, wie sich der Frieden im Herzen ausbreitet und dann nach außen ausstrahlt. Und all diese Menschen bilden eine große Lichter-Friedensbewegung, die irgendwann niemand mehr übersehen kann. Wer in ihre Gesichter schaut, wird nicht Verbissenheit oder auch Verzweiflung sehen, wie wir sie von Menschen kennen, die zum Einsatz von Waffen gezwungen, ja manchmal verdammt sind. Sondern er wird Menschen sehen, denen die Seligkeit ins Gesicht geschrieben steht.

> Selig sind die Friedensstifter,
> denn sie werden Gottes Kinder heißen.

Wer diesem Wort Jesu glaubt, darf die Hoffnung feiern, dass die Gewalt am Ende nicht das letzte Wort haben wird. Der darf darauf vertrauen, dass das letzte Wort schon gesprochen ist. Das Licht, das in Bethlehem entzündet wird, legt Zeugnis davon ab. Keiner kann es mehr auslöschen.

Reicher an Hoffnung

Der Gott der Geduld und des Trostes gebe euch, dass ihr einträchtig gesinnt seid untereinander, Christus Jesus gemäß, damit ihr einmütig mit »einem« Munde Gott lobt, den Vater unseres Herrn Jesus Christus. Darum nehmt einander an, wie Christus euch angenommen hat zu Gottes Lob. Denn ich sage: Christus ist ein Diener der Juden geworden um der Wahrhaftigkeit Gottes willen, um die Verheißungen zu bestätigen, die den Vätern gegeben sind; die Heiden aber sollen Gott loben um der Barmherzigkeit willen, wie geschrieben steht *(Psalm 18,50):* »Darum will ich dich loben unter den Heiden und deinem Namen singen.« Und wiederum heißt es *(Deuteronomium/ 5. Mose 32,43):* »Freut euch, ihr Heiden, mit seinem Volk!« Und wiederum *(Psalm 117,1):* »Lobet den Herrn, alle Heiden, und preist ihn, alle Völker!« Und wiederum spricht Jesaja *(Jesaja 11,10):* »Es wird kommen der Spross aus der Wurzel Isais und wird aufstehen, um zu herrschen über die Heiden; auf den werden die Heiden hoffen.« Der Gott der Hoffnung aber erfülle euch mit aller Freude und

Frieden im Glauben, dass ihr immer reicher werdet an Hoffnung durch die Kraft des Heiligen Geistes.

RÖMER 15,5–13

In drei Worte fasst Paulus zusammen, was ein glückliches Leben ausmacht: Freude, Friede, Hoffnung, und er benennt dazu noch den Ursprung, aus dem das alles kommt: die Kraft des Heiligen Geistes.

Freude – das heißt, dass ich aus der Dankbarkeit leben darf. Dass ich mit Psalm 139 sagen darf: Danke Gott, dass du mich wunderbar gemacht hast! Und dass ich das an jedem Tag sagen darf, auch dann, wenn ich am Morgen mit etwas zerknittertem Gesicht vor den Spiegel trete oder wenn ich an mir zweifle, sogar dann, wenn ich Fehler gemacht habe. Weil Gott barmherzig ist und mir in Christus zum Bruder wird, der auch mein Fehlgehen auf sich nimmt, deswegen darf ich diesen Satz trotz allem sagen: Danke Gott, dass du mich wunderbar gemacht hast! Diesen Lobruf des Psalms im Herzen mitsprechen und ausrufen zu können in den guten Tagen, aber auch in den schweren Tagen: Das ist Freude. Und es ist eine tiefe Freude, weil sie mehr ist als *happiness,* mehr ist als »gut drauf sein«, sosehr das auch dazugehören kann. Diese Freude gründet in dem Vertrauen, dass Gott mich führt und leitet. Dass es Gott ist, der mein Leben reich macht und dass Gott mein Leben auch dann reich macht, wenn ich nicht mehr gut drauf bin. Dass Jesus mir dann zuruft: Selig sind, die da Leid tragen, denn sie sollen getröstet werden (Matthäus 5,4). Und dass ich dann mit dem alten Kirchenlied antworten darf: »In mir ist Freude, in allem Leide, o du süßer Herr Jesu Christ.« Ja, es ist eine tiefe Freude, die der Geist Gottes in mir weckt.

> Der Gott der Hoffnung aber erfülle euch mit aller Freude und Frieden im Glauben, dass ihr immer reicher werdet an Hoffnung durch die Kraft des Heiligen Geistes.

Friede – das zweite Wort, das Paulus uns zuruft. Das Wort »Friede« trifft eine Sehnsucht, die wir alle haben und vielleicht in jedem Jahr besonders spüren, wenn wir auf das Weihnachtsfest zugehen. Es gibt vermutlich niemanden unter uns, den die Bilder kalt lassen, die wir im Fernsehen jeden Tag sehen. Bilder von Gewehren und Panzern, die schießen, Bilder von zerstörten Landstrichen und Gebäuden, Bilder von Menschen, die durch einen Terroranschlag verletzt oder getötet worden sind. Und wir fragen uns: Warum tun sich Menschen so etwas an? Warum vertrauen die Menschen wieder und wieder auf Gewalt als Mittel der Politik? Warum verstehen sie nicht, dass Gewalt kaputt macht und niederdrückt, sodass am Ende alle Verlierer sind? Wie lange soll dieser Wahnsinn noch gehen, dass auf unserer Welt 1,5 Billionen Dollar pro Jahr in Rüstung gesteckt werden, während 200 Milliarden Dollar reichen würden, damit niemand auf dieser Welt mehr Hunger leidet? Und warum nehmen wir das hin?

> Der Gott der Hoffnung aber erfülle euch mit aller Freude und Frieden im Glauben, dass ihr immer reicher werdet an Hoffnung durch die Kraft des Heiligen Geistes.

Vielleicht liegt genau darin die besondere Kraft von Paulus, dass er den Frieden und die Hoffnung verbindet. Als Mitglied der EKD-Delegation habe ich an der Weltversammlung der Kirchen zur Überwindung der Gewalt in Kingston/Jamaika teilgenommen. 1000 Delegierte aus aller Welt waren versammelt, um die Ernte der vom Weltkirchenrat von 2001 bis 2011 begangenen Dekade zur Überwindung der Gewalt einzufahren.

In diesen zehn Jahren hatten die Kirchen überall auf der Welt konkrete Projekte angestoßen, die helfen, Gewalt zu überwinden: Konflikttrainings für Schülerinnen und Schüler, die lernen, ohne Gewalt zu streiten; Projekte für Straßenkinder, die in behüteter Umgebung lernen, mit ihrem Leben zurechtzukommen; Begegnungsprojekte zwischen Menschen verfeindeter Nationen oder das Computerspiel, das die Spieler motiviert, die Konflikte ohne Gewalt zu lösen, anstatt wild herumzuballern – all das wurde in Kingston vorgestellt und weitererzählt.

Und es waren Erfolgsgeschichten, die zeigen: Gewalt ist nicht der einzige Weg. Das Engagement zur Überwindung der Gewalt trägt Frucht. Keiner kann mehr sagen, dass die Gewalt am Ende immer die Oberhand behält. Die Menschen, die diese Geschichten erzählt haben, und wir alle, die wir in Kingston zusammen waren, haben diese Hoffnung gespürt, haben tief im Herzen erfahren, dass der Satz des Paulus in Erfüllung gegangen ist:

> Der Gott der Hoffnung aber erfülle euch mit aller
> Freude und Frieden im Glauben, dass ihr immer
> reicher werdet an Hoffnung durch die Kraft des
> Heiligen Geistes.

Und vielleicht brauchen wir manchmal nur Augen, um zu sehen, wo dieser Satz für uns in unserem Alltag in Erfüllung geht: dass die liebevolle Zuwendung zu einem schwierigen Menschen am Arbeitsplatz die Spannung überwindet und Frieden schafft, wo sonst nervige Auseinandersetzungen den Ton angeben. Dass ein Lehrer in der Schule einen aggressiven Schüler aus schwierigen sozialen Verhältnissen nicht einfach abbügelt, sondern geduldig mit ihm ist, in Beziehung zu ihm bleibt und am Ende den einen großen Unterschied in seinem Leben macht. Dass das ernsthafte Sich-Einfühlen in den anderen einen Konflikt in der Gemeinde entschärft und der Raum frei wird, um neue Gemeinschaft zu finden.

Wer weiß, so höre ich die Worte des Paulus heute, wie oft ihr, die ihr über den Bibeltext nachdenkt und miteinander sprecht, wie oft ihr einen solchen Unterschied im Leben eines Menschen gemacht habt, vielleicht ohne es zu merken. Deswegen dürft ihr diesen Satz ganz auf euch persönlich beziehen:

> Der Gott der Hoffnung aber erfülle euch mit aller
> Freude und Frieden im Glauben, dass ihr immer
> reicher werdet an Hoffnung durch die Kraft des
> Heiligen Geistes.

Und mehr noch: Paulus weist auf einen Weg, wie wir dahinkommen sollen:

> Darum nehmt einander an, wie Christus euch
> angenommen hat zu Gottes Lob.

Dabei hat Paulus einen ganz konkreten Konflikt vor Augen: Es geht um Spannungen und Auseinandersetzungen zwischen Menschen jüdischer Herkunft wie Paulus selbst und Menschen hellenistischer Kultur, den »Heiden«, die beide in der Gemeinde Christi zusammengebunden sind. Und Paulus sagt: »Christus ist ein Diener der Juden geworden um der Wahrhaftigkeit Gottes willen, um die Verheißungen zu bestätigen, die den Vätern gegeben sind.« Mit heutigen Worten gesagt: Der Bund Gottes mit seinem Volk Israel ist durch Christus nicht ersetzt, sondern erfüllt und die »Heiden« sind in der Gemeinde Christi in diesen Bund Gottes mit Israel mit hineingenommen. Also, sagt Paulus zu seinen Christen, ob »Juden« oder ehemals »Heiden«: Schaut nicht herab aufeinander, sondern nehmt einander an! Nehmt einander an, wie Christus euch angenommen hat!

Ach, wenn wir nur darauf hören könnten! Einander anzunehmen heißt nicht, der Wahrheit auszuweichen und Konflikte unter den Tisch zu kehren, sondern es heißt, Unrecht beim Namen zu nennen und da, wo es nötig ist, denen beizustehen, die solches Unrecht erlitten haben, damit ihre Wunden heilen können. Gleichzeitig ist der Geist, in dem das geschieht, ein Geist des Hinhörens auf die anderen. Ein Geist, der Befreiung schenkt aus dem Verkralltsein in den Konflikt. Ein Geist, der offen macht für die Zukunft, ein Geist der Annahme, der so fest weht, dass auch geschlossene Türen diesen Wind nicht stoppen können und von ihm aufgestoßen werden.

Nehmt einander an, wie Christus euch angenommen hat! Das ist die konkrete Wegweisung, die Paulus den christlichen Gemeinden mit auf den Weg gibt, die wir sichtbar oder unsichtbar über unsere Kirchentore, Gemeindehauseingänge und Pfarramtstüren schreiben sollen. Wo Christinnen und Christen darauf hören, sind sie Salz der Erde und Licht der Welt. Wo wir das in unser Herz hineinlassen, da fangen wir an, auszustrahlen, wovon wir sprechen. Dann wird es Advent.

Empfangen und hören

Und dem Engel der Gemeinde in Sardes schreibe: Dies sagt der, der die sieben Geister Gottes und die sieben Sterne hat: Ich kenne deine Werke, dass du den Namen hast, du lebest, und bist tot. Wach auf und stärke das übrige, das im Begriff stand zu sterben! Denn ich habe vor meinem Gott deine Werke nicht als vollkommen befunden. Denke nun daran, wie du empfangen und gehört hast, und bewahre es und tue Buße! Wenn du nun nicht wachst, werde ich kommen wie ein Dieb, und du wirst nicht wissen, zu welcher Stunde ich über dich kommen werde. Aber du hast einige wenige Namen in Sardes, die ihre Kleider nicht besudelt haben; und sie werden mit mir einhergehen in weißen [Kleidern], denn sie sind es wert. Wer überwindet, der wird so mit weißen Kleidern bekleidet werden, und ich werde seinen Namen aus dem Buch des Lebens nicht auslöschen und seinen Namen bekennen vor meinem Vater und vor seinen Engeln. Wer ein Ohr hat, höre, was der Geist den Gemeinden sagt!

OFFENBARUNG 3,1–6

Mit den Worten aus dem Buch der Offenbarung ist es wie mit dem Advent. Durch viel Dunkles scheinen viele kleine Lichter auf. Und diese Lichter führen hin auf das eine große Licht, das unser Leben und Streben verändert. Der Gemeinde in Sardes wird viel Düsteres gesagt. Nichts von dem, was schiefläuft, wird verschwiegen: »Ich kenne deine Werke, dass du den Namen hast, du lebest, und bist tot.« Und gleichzeitig steigen zwischen den harten Worten über all das, was falsch läuft, Bilder auf von Menschen in weißen Kleidern, Menschen, die überwinden, was falsch läuft, deren Namen im Buch des Lebens stehen und vor dem ewigen Gott und seinen Engeln bekannt werden.

Ich stelle mir den Zug all der Menschen in weißen Kleidern vor, wie sie jubelnd ihrem Gott entgegenziehen und alle Barrieren, die sie von ihrem Gott trennen, fallen. Wenn wir uns zum Gottesdienst in einer Kirche versammeln, stehen wir zwar in der Regel nicht jubelnd und in weißen Gewändern vor Gott, aber in Erinnerung an unsere Geschichte und in Erwartung einer Zeit, wie sie das Buch der Offenbarung beschreibt. Kirchen und kirchliche Häuser sind keine Bauten, um sich dort für die Ewigkeit niederzulassen, eher Zelte auf dem Weg, um diesen Zug der Menschen, Gott entgegen, zu begleiten. Orte, an denen Menschen sich in schweren Zeiten neue Kraft geben lassen. Orte, an denen das Licht die Herzen erleuchtet und das Dunkel vertreibt.

Eine Kirche soll ein Ort der Öffentlichkeit sein, ein Ort, an dem wir uns den großen Herausforderungen unserer Zeit stellen, an dem Menschen sich für Gerechtigkeit einsetzen, an dem wir uns für die Überwindung von Gewalt engagieren, an dem wir für die bedrohte Schöpfung eintreten.

Weil die Nachfolge Jesu uns immer wieder dazu auffordert, über unser Tun und Lassen nachzudenken und für Frieden in der Welt tätig zu sein. Weil der Friede Gottes uns trägt und hält in Zeiten des Zorns und der Freude.

Eine Kirche soll ein Ort sein, an dem wir Christinnen und Christen nicht nur reden, sondern auch ausstrahlen, wovon wir sprechen!

Das ist vielleicht unsere größte Gefahr als Kirche. Dass wir viele Worte machen, aber es bleiben nur Worte. Dass wir von der frohen Botschaft des Evangeliums sprechen und dabei ein Gesicht machen wie nach zwei Wochen Regen. Dass wir – vielleicht auch sehr überzeugt – von der Liebe reden, aber die anderen nicht viel von unserer Liebe merken. Dass wir von der biblischen Option für die Armen sprechen, aber kein Armer traut sich in die Kirche. Dass wir von der Kirche als Salz der Erde (Matthäus 5,13) und Licht der Welt (Matthäus 5,14) sprechen, aber keine Zeit für die Welt haben, weil wir so mit unseren eigenen kirchlichen Angelegenheiten beschäftigt sind.

Ja, das trifft, was der Seher Johannes der Gemeinde in Sardes sagt, was der Seher Johannes uns als Kirche heute sagt: »Ich kenne deine Werke, dass du den Namen hast, du lebest, und bist tot.«

Die Gemeinde von Sardes hatte eine blühende Zeit, in der viel geleistet wurde. Doch irgendwann hat man sich damit zufriedengegeben und gar nicht gemerkt, wie die Begeisterung für den Glauben an Gott und Jesus Christus nachgelassen hat und irgendwann fast ganz eingeschlafen ist.

Wenn wir uns heute Filme anschauen über das kirchliche Leben nach dem Zweiten Weltkrieg, dann sehen wir volle Kirchen, die den Menschen am Boden Zuspruch gaben und in schwerer Zeit die Seele der Gesellschaft gestärkt und neu ausgerichtet haben. Wenn wir dann auf heute schauen, ist die Versuchung groß, alten Zeiten nachzutrauern, den Verfall der christlichen Werte zu diagnostizieren und zu beklagen, dass die Kirchen immer leerer werden – eine Klage, die übrigens fast wortgleich schon aus dem 19. Jahrhundert bekannt ist.

Oder wir erliegen der umgekehrten Versuchung, in hektischen Aktionismus zu verfallen, die Kirche mit bloßer Anpassung an das gesellschaftlich Übliche relevant machen zu wollen, den Erhalt oder Ausbau des Mitgliederbestands zum Leitkriterium für kirchliches Handeln zu machen und damit am Ende die Wahrheit des Evangeliums der Bestandserhaltung unterzuordnen. Beides ist falsch: die Romantisierung der alten Zeiten genauso wie die bloße Orientierung am gesellschaftlich Üblichen auf Kosten der Wahrheit.

Viel klüger ist es, auf die Worte der Johannesoffenbarung zu hören. Sie enthalten alles, was wir wissen müssen, wenn wir nach Orientierung für die Zukunft fragen: »Denke nun daran, wie du empfangen und gehört hast, und bewahre es und tue Buße!«

Das Empfangen und Hören steht am Anfang. Das ist das Entscheidende. Bevor wir irgendetwas tun, dürfen wir empfangen, dürfen wir hören, dürfen wir uns berühren lassen, dürfen wir in die Seele einlassen, was Gott uns sagt, so wie es vom ersten Buch der Bibel mit seinen Geschichten von Abraham, Isaak und Jakob bezeugt ist und wie uns am Ende der Johannesoffenbarung, des letzten Buches der Bibel, gesagt wird: Ich werde bei euch wohnen. Ihr werdet mein Volk sein und ich werde euer Gott sein (Offenbarung 21,3). Ich werde bei euch sein alle Tage (Matthäus 28,20), ich werde eure Tränen abwischen (Offenbarung 21,4) und mit euch gehen, wenn ihr wandert durchs finstere Tal (Psalm 23,4). Ich werde euch immer wieder zum frischen Wasser führen (Psalm 23,2). Haltet euch an meine guten Gebote, denn sie sind Wegweiser in die Freiheit. Lasst die Liebe, die ich euch schenke, überfließen hin zu den anderen. Und gebt die Hoffnung weiter. Denn ihr wisst: Ich werde diese Welt, meine geliebte Schöpfung, nie alleinlassen. Es mögen wohl Berge weichen und Hügel hinfallen, aber meine Gnade wird nicht von dir weichen und der Bund meines Friedens wird nicht hinfallen! (Jesaja 54,10).

Das ist es, was wir empfangen und hören dürfen. Immer wieder von Neuem. Und immer wieder mit der gleichen Kraft. Deswegen müssen wir uns um die Zukunft unserer Kirche keine Sorgen machen. Wir geben als Kirche Zeugnis des Glaubens, Zeugnis der Liebe, Zeugnis der Hoffnung. Wir bauen unsere Gemeinde, wir begeistern Menschen für die Sache des Evangeliums und wir freuen uns, wenn die gute Botschaft sich ausbreitet. Aber wir wissen: Nicht an unseren Aktivitäten entscheidet sich das Heil der Welt, sondern daran, dass Gott regiert. Nicht als einer, der Thronsessel und Schwerter und Spieße braucht. Sondern als einer, der auf einem kleinen Esel geritten kommt und auf die Kraft der Liebe baut.

Hinter den herausfordernden Worten der Johannesoffenbarung steckt eine große Zusage:

Wer überwindet, der wird so mit weißen Kleidern bekleidet werden, und ich werde seinen Namen aus dem Buch des Lebens nicht auslöschen und seinen Namen bekennen vor meinem Vater und vor seinen Engeln. Wer ein Ohr hat, höre, was der Geist den Gemeinden sagt!

Ihre Kleider heute tragen ganz unterschiedliche Farben. Aber ich sehe das Weiß dahinter. Ich sehe uns in diesem Zug der Menschen hin zum himmlischen Jerusalem. Und ich lobe Gott dafür, dass er in allem, was in dieser Kirche geschieht, bei uns ist und mit uns geht. Besser könnte die Aussicht für uns nicht sein!

Das große Ja

Gott ist mein Zeuge, dass unser Wort an euch nicht Ja und Nein zugleich ist. Denn der Sohn Gottes, Jesus Christus, der unter euch durch uns gepredigt worden ist, durch mich und Silvanus und Timotheus, der war nicht Ja und Nein, sondern es war Ja in ihm. Denn auf alle Gottesverheißungen ist in ihm das Ja; darum sprechen wir auch durch ihn das Amen, Gott zum Lobe. Gott ist's aber, der uns fest macht samt euch in Christus und uns gesalbt und versiegelt und in unsre Herzen als Unterpfand den Geist gegeben hat.

2 KORINTHER 1,18–22

Ein Ja zu hören und ein Ja sagen zu dürfen ist etwas Wunderbares. Wir haben das alle schon erlebt. Sogar vom ersten Moment an. Denn schon die Gabe des Lebens ist ein Ja. Sie ist das erste große Ja in unserem Leben. Ja, du sollst sein. Du sollst leben. Du sollst wachsen. Du sollst blühen.

Zu den eindrucksvollsten Jas, die gesprochen werden, gehören wahrscheinlich die besonderen Jas, die immer wieder in vielen Kirchen auf der Welt gesprochen werden: »Willst du diese Frau, die Gott dir anvertraut, als deine Ehefrau lieben und ehren und die Ehe mit ihr nach Gottes Gebot und Verheißung führen in guten und in bösen Tagen, bis der Tod euch scheidet, so antworte: Ja, mit Gottes Hilfe.« Und dann ertönt laut dieses »Ja, mit Gottes Hilfe«, und dann steht da jemand, der das hört und der weiß: Dieser Mensch, der das gerade gesagt hat, der will mich wirklich ein ganzes Leben lang. Der stellt keine Bedingungen. Der äußert keine Vorbehalte. Der hat nicht nur einen Lebensabschnitt im Sinn. Der sagt ganz Ja zu mir, so wie ich bin. Was für ein großer Moment! Und drumherum sitzen lauter Leute, die das miterleben und die vielleicht auch feuchte Augen bekommen. Warum ist das so? Weil sie spüren, welches Glück es ist, ein Ja zugesprochen zu bekommen. Vielleicht auch, weil sie sich selbst nach einem solchen Ja sehnen.

Und auch ein Ja selbst zu sprechen, ist etwas sehr Großes und Schönes. Denn Ja zu sagen, heißt, sich zu binden. Ja zu sagen, heißt, sich auf etwas einzulassen. Ja zu sagen, heißt, sich zu etwas Neuem aufzumachen. Viele Menschen machen diese Erfahrung, etwa wenn sie Ja zu Kindern sagen. In den ersten Jahren nach der Geburt – so war es jedenfalls bei uns – schlafen Eltern noch weniger als ein Landesbischof. Und sie müssen so viele Dinge auf einmal auf die Reihe kriegen, dass sie eigentlich von dem her, was sie leisten, nur mit einem Manager verglichen werden können. Und dennoch bereut fast niemand, Kinder bekommen zu haben. Warum? Weil das Ja zu Kindern mit allen seinen lebenslangen Verpflichtungen einen riesengroßen Reichtum im Leben bedeutet.

Erst wenn wir das verstehen, erst wenn wir verstehen, wie wunderbar es ist, ein Ja zu hören, und welchen Reichtum es bedeutet, ein Ja zu sprechen, können wir auch begreifen, welche Kraft die Worte des Paulus haben:

> Der Sohn Gottes, Jesus Christus, der unter euch durch uns gepredigt worden ist, der war nicht Ja und Nein, sondern es war Ja in ihm.

Nicht Ja und Nein, sondern Ja. Das ist ein wahrhaft adventlicher Satz. Denn das Ja, von dem da die Rede ist, ist der tiefste Sinn der Weihnachtsbotschaft, auf die wir uns in der Adventszeit vorbereiten. Was da damals geschehen ist und in der Weihnachtsgeschichte des Lukas beschrieben wird, verändert, wenn wir es genau hören, alles in unserem Leben. Denn wenn wir sagen: Der Heiland ist geboren, dann heißt das doch: Was sich damals dort irgendwo auf dem Land im Nahen Osten ereignet hat, verändert die ganze Welt. Gott, die Urkraft des Lebens, der Schöpfer aller Dinge, ohne den nichts ist, Gott hat sein großes Ja zu dieser Welt erklärt.

Auf alle Gottesverheißungen ist in ihm das Ja.

Mit diesem Satz nimmt Paulus Bezug auf all die Verheißungen im Alten Testament, die gerade in der Adventszeit Jahr für Jahr in den Gottesdiensten gelesen und
gehört werden.

> Das Volk, das im Finstern wandelt, sieht ein großes
> Licht, und über denen, die da wohnen im finstern
> Lande, scheint es hell. Denn uns ist ein Kind geboren,
> ... auf dass seine Herrschaft groß werde und des
> Friedens kein Ende auf dem Thron Davids und in
> seinem Königreich, dass er's stärke und stütze durch
> Recht und Gerechtigkeit von nun an bis in Ewigkeit.
> JESAJA 9,2.6.7

So heißt es beim Propheten Jesaja. Da wird etwas Wunderbares angekündigt: Wir kommen aus der Dunkelheit
und wir gehen ins Licht. Wir kommen aus Hass und
Gewalt und wir gehen hin zum Frieden. Wir erfahren
Ungerechtigkeit und wir gehen hin zu Recht und Gerechtigkeit. Das ist die alte Verheißung des Jesaja.

Und sie ist hochaktuell. Sie trifft in ganz konkrete
Erfahrungen der alltäglichen Realität. Gerechtigkeit
heißt, dass alle an den gesellschaftlichen Chancen teilhaben. Ungerecht ist, wenn Menschen von der Wohl-
standsentwicklung in der Gesellschaft einfach abge-
hängt werden. Wenn sie nur Arbeitsplätze bekommen,

in denen sie sich täglich abmühen und trotzdem davon nicht leben können. In der Arbeitslosenstatistik sind sie dann verschwunden, aber Geld vom Staat brauchen sie trotzdem. Und da die Verträge so kurzfristig sind, können sie sich auf nichts verlassen. Was in der Politik mit dem technisch klingenden Wort »prekäre Arbeitsverhältnisse« bezeichnet wird, wirkt sich auf die Menschen höchst konkret aus: dauernder Kampf um genug Geld zum Leben, immer die Angst, bald gar keinen Job mehr zu haben, die Unmöglichkeit, für die Zukunft zu planen, vielleicht eine Familie zu gründen. Wir haben uns fast schon dran gewöhnt, und doch steht das in deutlichem Gegensatz zu der Vision von einer Gesellschaft, in der alle Menschen teilhaben können, in der Recht und Gerechtigkeit herrschen – so wie es der Prophet Jesaja verheißt.

Das Volk, das im Finstern wandelt, sieht ein großes Licht, und über denen, die da wohnen im finstern Lande, scheint es hell. Recht und Gerechtigkeit breiten sich aus. Das ist die Verheißung. Und wer in die Welt schaut und sagt, so ist es eben nicht, der höre auf das, was Paulus sagt:

Der Sohn Gottes, Jesus Christus, der unter euch durch uns gepredigt worden ist, durch mich und Silvanus und Timotheus, der war nicht Ja und Nein, sondern es war Ja in ihm. Denn auf alle Gottesverheißungen ist in ihm das Ja.

Auf alle Gottesverheißungen ist in ihm das Ja – dieser nüchterne Satz, in einem Brief des Paulus, der manchmal so spröde und schwer verständlich zu sprechen scheint –, dieser nüchterne Satz macht tatsächlich alles anders. »Auf alle Gottesverheißungen ist in ihm das Ja«, das heißt: Lieber Mensch, du hast vielleicht Zweifel, ob all diese Verheißungen aus den Prophetenbüchern, in denen von einer besseren Welt die Rede ist, ob das nicht alles doch nur Träumereien sind. Aber nun weißt du: Das sind keine Träumereien. Die Verheißungen sind wahr geworden. Vielleicht erst nur in einem kleinen Kind in einer Krippe irgendwo am Rand der Welt. Aber schau dir doch an, was daraus geworden ist: Hättet ihr damals die Geschichte von der Geburt des Kindes in der Behelfsherberge in der Zeitung gelesen und einer hätte euch gesagt, dass daraus eine weltgeschichtliche Bewegung wird, ihr hättet wahrscheinlich herzlich gelacht über so viel Naivität. So wie wir heute manchmal Gelächter hören über den Traum von einer besseren Welt.

Die Lichter des Advents verkünden durch alle Kommerzialisierung hindurch diese Botschaft von dem Licht in der Dunkelheit. Und selbst wer über die Kommerzialisierung des Weihnachtsfestes klagt, kann doch eigentlich nur ins Staunen darüber geraten, dass das alles – und zwar überall auf der Welt – zurückgeht auf dieses kleine Kind in der Krippe: unscheinbar, arm, schwach. Aber: Gottes Kraft ist in den Schwachen mächtig! (2 Korinther 12,9). Und für dieses schwache kleine Kind gilt: »Auf alle Gottesverheißungen ist in ihm das Ja!« Auf dieses Ja dürfen wir vertrauen.

Wer müde ist vom Druck des Alltags und von allem überfordert, wird neue Kraft bekommen.

Wer sich in einen Streit verkrallt hat, im Unfrieden lebt und nicht herausfindet, für den wird sich eine Tür öffnen.

Wer hungert und dürstet nach der Gerechtigkeit, wird satt werden.

Wer auf der Straße lebt und sich als Mensch zweiter Klasse fühlt, darf wissen: Die Letzten werden die Ersten sein. Gott sagt Ja zu dir, und niemand kann dir etwas anderes einreden.

Wir alle dürfen auf Christus schauen und mit Paulus froh ausrufen: »Auf alle Gottesverheißungen ist in ihm das Ja!« Über all den Neins, die uns in unserem Leben immer wieder herunterziehen und erdrücken wollen, steht Gottes großes Ja.

Eine lebensfreundliche Vision

Maria aber machte sich auf in diesen Tagen und ging eilends in das Gebirge zu einer Stadt in Juda und kam in das Haus des Zacharias und begrüßte Elisabeth. Und es begab sich, als Elisabeth den Gruß Marias hörte, hüpfte das Kind in ihrem Leibe. Und Elisabeth wurde vom Heiligen Geist erfüllt und rief laut und sprach: Gepriesen bist du unter den Frauen, und gepriesen ist die Frucht deines Leibes! Und wie geschieht mir das, dass die Mutter meines Herrn zu mir kommt? Denn siehe, als ich die Stimme deines Grußes hörte, hüpfte das Kind vor Freude in meinem Leibe. Und selig bist du, die du geglaubt hast! Denn es wird vollendet werden, was dir gesagt ist von dem Herrn. Und Maria sprach:

Meine Seele erhebt den Herrn, und mein Geist
  freut sich Gottes, meines Heilandes;
denn er hat die Niedrigkeit seiner Magd
  angesehen. Siehe, von nun an werden mich
  selig preisen alle Kindeskinder.
Denn er hat große Dinge an mir getan, der da
  mächtig ist und dessen Name heilig ist.

Und seine Barmherzigkeit währt von Geschlecht
zu Geschlecht bei denen, die ihn fürchten.
Er übt Gewalt mit seinem Arm und zerstreut, die
hoffärtig sind in ihres Herzens Sinn.
Er stößt die Gewaltigen vom Thron und erhebt die
Niedrigen.
Die Hungrigen füllt er mit Gütern und lässt die
Reichen leer ausgehen.
Er gedenkt der Barmherzigkeit und hilft seinem
Diener Israel auf,
wie er geredet hat zu unsern Vätern, Abraham und
seinen Kindern in Ewigkeit.

LUKAS 1,39–55

Freude ist das Grundgefühl, mit dem wir auf Weihnachten warten. Und auch wenn ich das eine oder andere noch zu tun habe vor dem Fest, auch wenn ich in den letzten Wochen sehr beschäftigt bin mit den Vorbereitungen für diesen Tag: Ich spüre so etwas wie Vorfreude. Vorfreude auf unseren Gott, dessen Ankunft wir in dem Kind in der Krippe erwarten.

Manche tun sich schwer mit dieser Vorfreude. Weil ihnen die christlichen Bräuche und Traditionen fremd geworden oder unverständlich sind. Oder wenn sie hinter all dem, was die Feiertage begleitet, das nicht mehr finden, was den Sinn von Weihnachten ausmacht. Manchmal wird die Vorfreude auch getrübt durch etwas, was uns bedrückt, was uns das Herz schwer macht.

Oder sie will sich nicht einstellen, weil all das, was wir noch erledigen wollen, zu viel zu werden droht.

Das Lukasevangelium berichtet in seinem ersten Kapitel: Auch Maria bereitet sich vor auf die Ankunft ihres Kindes. Sie stellt sich ein auf das, was da auf sie zukommt, indem sie ihre Verwandte, Elisabeth, besucht. Deren ungeborenes Kind, Johannes der Täufer, hüpft vor Freude im Bauch seiner Mutter Elisabeth. Und Maria antwortet darauf:

> Mein Geist freut sich Gottes,
> meines Heilandes!

Auch in diesen Worten Marias ist von der Freude die Rede, von der Vorfreude auf den, der der Grund unserer Freude ist. Es hat eine Weile gedauert, bis bei Maria diese Vorfreude aufkam. Das Lukasevangelium berichtet auch, wie erschrocken sie zunächst ist, als der Engel zu ihr tritt. Es ist ihr unverständlich, was da auf sie zukommt. Und was der Engel ihr ankündigt, droht erst einmal zu viel für sie zu werden. Jetzt aber erfüllt sie eine große Freude. Diese Freude erst macht es ihr möglich, zu verstehen und auszusprechen, was sie erwartet, was sie erhofft. Maria wird uns mit diesen Worten zur Schwester im Geist:

> Mein Geist freut sich Gottes,
> meines Heilandes!

Und gerade, wenn uns das noch schwerfallen sollte, ist es gut, auf die Worte zu hören, die im Lukasevangelium als der Lobgesang Marias überliefert sind. Denn sie malen mit wunderbaren Bildern den Grund der Freude vor Augen.

»Meine Seele erhebt den Herrn. Denn er hat die Niedrigkeit seiner Magd angesehen«, bekennt Maria. Wer an einer schmerzvollen Krankheit leidet, wer erschrickt angesichts des Todes – des eigenen oder des eines geliebten Menschen –, darf auf Gott schauen und wissen: Gott sieht mich in allem, was mich belastet. Er denkt an seine Barmherzigkeit. Die aus ihren Heimatländern vor Krieg und Gewalt fliehen, hat Gott im Blick. Und wem ihr Schicksal in der Seele wehtut, den ermutigt Gott, sie nicht aus dem Blick zu verlieren. Von dem, der sich schuldig fühlt oder verlassen, der sich möglicherweise fürchtet vor dem Weihnachtsfest, das so ganz anders verlaufen wird, als er es sich erhofft hat, von dem wendet Gott die Augen nicht ab und hilft ihm auf. Denn er hat die Niedrigkeit seiner Magd und mit ihr unser aller Niedrigkeit angesehen!

Ganz erfüllt von der Freude an Gott. findet Maria Worte für das, was sie erhofft:

Er stößt die Gewaltigen vom Thron
und erhebt die Niedrigen.
Die Hungrigen füllt er mit Gütern
und lässt die Reichen leer ausgehen.

Den Armen verheißt Gott, dass ihre Missachtung ein Ende haben wird. Und wer Macht hat, wer sich selbst erhöht hat oder wen andere auf einen Thron erhoben haben, darf heruntersteigen, um den Menschen um ihn herum nahe sein zu können. Wer scheinbar alles hat, darf erkennen, wie leer die Hände sind, wenn sie an dem festhalten, was ihr Besitz ist, und wie reich das Leben stattdessen wird, wenn Hände lernen zu teilen. Die Hochmütigen steigen herab vom Thron, die Armen werden erhöht. Am Ende können sich alle in die Augen sehen und in Würde miteinander leben. Was für eine lebensfreundliche Vision, von der am Ende alle profitieren!

Ja, es verändert sich etwas, wenn Gott in unser Leben tritt, wenn die Weihnachtsvorfreude sich in unseren Herzen ausbreitet, so wie sie sich bei Maria ausgebreitet hat.

Wie lebensrettend das ist, verstehen wir umso mehr, wenn wir darauf schauen, was geschieht, wenn wir uns von dieser Freude, dieser Hoffnung entfernen. Wir erschrecken darüber, wie viel Leid Menschen einander antun können, wenn ein Einzelner, wenn ein Volk, eine Weltanschauung, eine Religion glaubt, sich über eine andere erheben zu dürfen. Mit großer Anteilnahme, aber auch hilflos sehen wir die Spirale von Hass und Gewalt im Nahen Osten, in Syrien, dem Irak, in Israel und Palästina.

Die Freude an Gott, der in Jesus Christus Mensch geworden ist, die Freude an Gott, der Reiche und Arme zueinander bringt, die Freude an Gott, der an die Stelle von Gewalt die Liebe setzt, ist die größte Friedenserklärung, die wir Christen heute der Welt gegenüber abgeben können. Deswegen dürfen wir gerade in einer Welt, in der viel Leid herrscht, der Aufforderung zur Freude von Herzen folgen. Es ist die Freude über einen Gott, der zu uns kommt als kleines, wehrloses Kind und damit ein Zeichen setzt, das die Welt verändert. Das Licht, das damit angezündet ist und das in der Dunkelheit von Krieg und Gewalt scheint, kann keiner mehr auslöschen.

Am Ende der Adventszeit steht eine große weihnachtliche Dankbarkeit, die mich erfüllt. Ich möchte mit vollem Herzen einstimmen können in die kraftvollen Worte Marias:

Meine Seele erhebt den Herrn,
und mein Geist freut sich Gottes,
meines Heilandes.

Im Licht von Weihnachten

Love is in the air

Es begab sich aber zu der Zeit, dass ein Gebot von
dem Kaiser Augustus ausging, dass alle Welt
geschätzt würde. Und diese Schätzung war die
allererste und geschah zur Zeit, da Quirinius
Statthalter in Syrien war. Und jedermann ging,
dass er sich schätzen ließe, ein jeder in seine
Stadt. Da machte sich auf auch Josef aus Galiläa,
aus der Stadt Nazareth, in das jüdische Land zur
Stadt Davids, die da heißt Bethlehem, weil er aus
dem Hause und Geschlechte Davids war, damit er
sich schätzen ließe mit Maria, seinem vertrauten
Weibe; die war schwanger. Und als sie dort waren,
kam die Zeit, dass sie gebären sollte. Und sie
gebar ihren ersten Sohn und wickelte ihn in
Windeln und legte ihn in eine Krippe; denn sie
hatten sonst keinen Raum in der Herberge. Und es
waren Hirten in derselben Gegend auf dem Felde
bei den Hürden, die hüteten des Nachts ihre
Herde. Und der Engel des Herrn trat zu ihnen, und
die Klarheit des Herrn leuchtete um sie; und sie
fürchteten sich sehr. Und der Engel sprach zu
ihnen: Fürchtet euch nicht! Siehe, ich verkündige

euch große Freude, die allem Volk widerfahren wird; denn euch ist heute der Heiland geboren, welcher ist Christus, der Herr, in der Stadt Davids. Und das habt zum Zeichen: Ihr werdet finden das Kind in Windeln gewickelt und in einer Krippe liegen. Und alsbald war da bei dem Engel die Menge der himmlischen Heerscharen, die lobten Gott und sprachen: Ehre sei Gott in der Höhe und Friede auf Erden bei den Menschen seines Wohlgefallens.

LUKAS 2,1–14

Ich weiß nicht, ob Sie jemals einen Gottesdienst an Weihnachten in einem Bahnhof gefeiert haben. Für mich jedenfalls war es Weihnachten 2015 das erste Mal. Normalerweise bevorzugen wir Orte wie Kirchen oder Gemeindehäuser, die unser geistliches Zuhause sind und deshalb die erste Wahl, wenn wir einen Ort für unseren Weihnachtsgottesdienst suchen. Ich gehe allerdings davon aus, dass es unter den Menschen am Münchner Hauptbahnhof am Heiligen Abend 2015 Menschen gab, die im Jahr zuvor Weihnachten nicht in einer gemütlichen Kirche gefeiert haben. Einige von ihnen waren lange auf Straßen unterwegs, bis sie hier angekommen sind, um Zuflucht zu finden.

Ein Bahnhof ist ein ungewöhnlicher Ort für einen Weihnachtsgottesdienst. Aber er liegt vielleicht näher am Ursprung unserer Feier als die Kirchen, in denen wir üblicherweise zusammenkommen. Denn im Mittelpunkt des Weihnachtsgottesdienstes steht ja die Erzählung davon, dass Maria und Josef unterwegs waren, während sie ihr Kind erwarteten, und keine Bleibe fanden.

> Und sie gebar ihren ersten Sohn und wickelte ihn in Windeln und legte ihn in eine Krippe; denn sie hatten sonst keinen Raum in der Herberge.

Künstler haben sich immer einen Stall vorgestellt, Ochs und Esel um die Krippe, in die Jesus gelegt wurde. Sicher war es so kalt, wie es im Winter am Münchner Hauptbahnhof ist, und der Ort hatte gewiss ebenso wenig mit dem zu tun, was wir ein Zuhause nennen würden, wie jeder Bahnhof.

Sich am Heiligen Abend 2015 im Münchner Hauptbahnhof zu versammeln, bedeutete, der Weihnachtsgeschichte und dem unsicheren Ort, an dem sie sich ereignete, unseren Respekt zu zollen. Wir waren aber auch dort, um über das, was sich in den Monaten zuvor dort ereignete, nachzudenken und es vor Gott zu bringen. Um zu klären, wo wir stehen, und Weisung zu suchen für unseren weiteren Weg: als Menschen auf der Flucht, als freiwillige Helferinnen und Helfer, als Vertreter der Behörden oder einfach als Christinnen und Christen, die die Nöte und Hoffnungen aller teilen wollen, die von dieser Situation betroffen sind.

Der Münchner Hauptbahnhof ist zum Symbol der deutschen Willkommenskultur geworden. Die Bilder gingen um die Welt: Bilder von Menschen, die mit Zügen aus Ungarn in München ankamen und mit Applaus empfangen wurden, nachdem sie in den Tagen zuvor hin- und hergeschoben wurden. Ich werde nie die Gesichter der Ankommenden vergessen, besonders der Kinder, eine Mischung aus Erschöpfung, Erleichterung und Freude, in dieser Weise willkommen geheißen zu werden. Und ich werde niemals vergessen, was mir die Helferinnen und Helfer erzählt haben. Einer von diesen Freiwilligen war an diesem Morgen den ganzen Weg von Regensburg nach München gekommen, um zu helfen. Ich habe so viele glückliche Gesichter bei den Helfenden gesehen wie bei den Flüchtlingen.

Was ist seitdem geschehen? Wir spüren die Euphorie dieser Tage nicht mehr, aber wir sehen eine anhaltend große Bereitschaft zu helfen. Die Behörden haben inzwischen ein durchdachtes System erarbeitet, Ankunft, Registrierung und Verteilung der Flüchtlinge zu organisieren. Ich habe ausgesprochen großen Respekt vor der organisatorischen Kompetenz und dem Einsatz, mit dem die Stadt München und die zuständigen Behörden ebenso wie die Polizei, das Rote Kreuz und alle anderen Hilfsorganisationen mit dieser Situation umgegangen sind.

Deutschland hat sich gewandelt. Wir haben entdeckt, wie stark wir darin sind, Empathie zu zeigen und

Hilfe zu organisieren in einer Situation, in der wir eine Million Flüchtlinge aufgenommen haben. Wir werden diese Erfahrung niemals verlieren.

Natürlich ist vieles nicht einfach. Die gesetzlichen Verfahrenswege brauchen Zeit, weil es in den Asylbehörden an Personal fehlt. Manche, die hier mit großen Hoffnungen ankamen, sind durch die Schwierigkeiten ernüchtert, hier sesshaft zu werden. Und manche sind voller Sorge über die, die sie lieben und zurückgelassen haben. Wir trauern um die, die den Weg hierher nicht geschafft und ihr Leben verloren haben.

Unsere Gefühle an diesem Weihnachtsabend am Bahnhof waren zwiespältig: Freude und Befriedigung über das, was wir erreicht haben. Und Erschöpfung und Zweifel angesichts der Größe der Herausforderung und der Ungewissheit der Zukunft. Werden das Mitgefühl und die Stärke ausreichen, den Herausforderungen zu begegnen?

Und Weihnachten? Die Weihnachtsgeschichte spricht nicht in irgendein romantisches Umfeld hinein, wie viele Krippenszenen in den Einkaufszentren und Innenstädten in diesen Weihnachtstagen nahelegen könnten. Sie spricht mitten in unsere alltägliche Realität hinein, mitten in eine Welt, die voll Armut, Hass und Gewalt ist. Sie spricht von einem Paar, das auf der Suche ist nach einem Ort für die Geburt ihres Kindes. Und dann, nach der Geburt, so erzählt uns das Evangelium nach Matthäus, flieht die junge Familie nach

Ägypten, verfolgt von König Herodes, der alle Neugeborenen tötet, um einen möglichen Konkurrenten um den Thron Judäas zu verhindern. Ägypten gewährt der Flüchtlingsfamilie, Maria, Josef und dem Jesuskind, Asyl.

Aus diesen so gewöhnlichen Ereignissen entsteht die größte Revolution, die die Erde je gesehen hat: Gott lebt unter uns als ein Mensch. Gott wird sichtbar in einem Menschen. Gott teilt die Hoffnungen und Ängste, all die Gefahren und Verheißungen, all das Unrecht und Leid, das wir als Menschen erfahren. Gott wird ein Mensch aus reiner Liebe heraus. Gott ist kein Herrscher, der den Lauf der Welt von außerhalb kommandiert. Gott, der uns Menschen nach seinem Bild geschaffen hat, wurde einer von uns, um uns den Weg zu einem erfüllten Leben zu zeigen. Zu einem Leben in Glaube, Hoffnung und Liebe.

Die Weihnachtsgeschichte zieht uns in ihren Bann, weil sie Religion von oben nach unten kehrt. Religion ist nicht mehr die Bewegung zu einer jenseitigen Welt, sondern sie ist immer auch gleichzeitig eine Bewegung in die Welt hinein. Zu Gott zu beten heißt jetzt, mit der Welt befasst zu sein. Gott ist nicht mehr »da draußen«, sondern »hier drin«. In den Gesichtern der Geringsten unserer Brüder und Schwestern begegnen wir Gott selbst.

Und das hat eine revolutionäre Konsequenz: Es gibt keinen Glauben an Gott ohne Mitgefühl mit den Menschen. Vielleicht ist die größte Herausforderung die Frage nach unserem Vorrat an Mitgefühl. Wie können wir mit einer Situation umgehen, in der viele Menschen, die hier Zuflucht gefunden haben, weitere Hilfe und Begleitung brauchen, um Teil unserer Gesellschaft zu werden? Und wie können wir – ohne erschöpft zu werden – diejenigen mit Würde aufnehmen, die noch zu uns kommen werden.

Wir werden eine Menge Mitgefühl in der kommenden Zeit brauchen. Deshalb ist Weihnachten so wichtig. Weihnachten ist die größte Quelle des Mitgefühls, die die Welt je gesehen hat. Die Geburt Jesu Christi, den wir Christen unseren Erlöser nennen, ist eine große Bewegung der Liebe in die Welt hinein. Nach der Geburt Jesu Christi kann niemand mehr zu Gott beten, ohne sich um seinen Nächsten zu kümmern.

Wenn Menschen besorgt sind und die Frage stellen: Werden wir das schaffen?, dann ist die Antwort von Weihnachten: Ja, wir schaffen das. Wir werden es schaffen, wenn wir unser Herz dieser Kraft der Liebe öffnen, die mit der Geburt Jesu in die Welt gekommen ist. Wir werden es schaffen, wenn wir in Beziehung mit Gott leben, die unsere Seele jeden Tag berührt. Wir werden es schaffen, wenn wir zu Gott beten, der als Geringster unserer Brüder und Schwestern auf Erden sichtbar erschienen ist.

Es gibt keinen Grund, Angst zu haben, wenn wir mit Gott und der faszinierenden Kraft in Verbindung bleiben, die von Gott in die Welt fließt. Wie den Hirten auf den Feldern gilt uns die wunderbare Botschaft der Engel:

> Und der Engel sprach zu ihnen: Fürchtet euch nicht! Siehe, ich verkündige euch große Freude, die allem Volk widerfahren wird; denn euch ist heute der Heiland geboren, welcher ist Christus, der Herr, in der Stadt Davids. Und das habt zum Zeichen: Ihr werdet finden das Kind in Windeln gewickelt und in einer Krippe liegen. Und alsbald war da bei dem Engel die Menge der himmlischen Heerscharen, die lobten Gott und sprachen: Ehre sei Gott in der Höhe und Friede auf Erden bei den Menschen seines Wohlgefallens.

Der Engel und die himmlischen Heerscharen erfüllen den Himmel über den Feldern von Bethlehem mit Lobgesang. Und sie haben den Himmel über dem Münchner Hauptbahnhof mit Lobgesang erfüllt. Liebe liegt in der Luft! Hoffnung liegt in der Luft! Freude liegt in der Luft!

Weil Jesus Christus geboren ist, scheint das Licht in unserer Finsternis: Gott wird uns niemals alleinlassen – und deshalb werden wir es schaffen!

Gesegnete Tage

Und alsbald war da bei dem Engel die Menge der himmlischen Heerscharen, die lobten Gott und sprachen: Ehre sei Gott in der Höhe und Friede auf Erden bei den Menschen seines Wohlgefallens. Und als die Engel von ihnen gen Himmel fuhren, sprachen die Hirten untereinander: Lasst uns nun gehen nach Bethlehem und die Geschichte sehen, die da geschehen ist, die uns der Herr kundgetan hat. Und sie kamen eilend und fanden beide, Maria und Josef, dazu das Kind in der Krippe liegen. Als sie es aber gesehen hatten, breiteten sie das Wort aus, das zu ihnen von diesem Kinde gesagt war. Und alle, vor die es kam, wunderten sich über das, was ihnen die Hirten gesagt hatten. Maria aber behielt alle diese Worte und bewegte sie in ihrem Herzen. Und die Hirten kehrten wieder um, priesen und lobten Gott für alles, was sie gehört und gesehen hatten, wie denn zu ihnen gesagt war.
LUKAS 2,14–20

Das Weihnachtsfest hat eine große Kraft. Seit Jahrhunderten Jahren strömen die Menschen überall auf der

Welt aus ihren Häusern in die Kirchen, um die Weihnachtsbotschaft zu hören, um sie in den Lichtern zu sehen, um sie im Herzen zu spüren. Es gibt zwar jedes Jahr wiederkehrend Kritik an der Kommerzialisierung von Weihnachten. Und mancher befürchtet das Zukleistern von Konflikten mit einer großen Weihnachtsharmonie, die danach umso mehr Leere hinterlässt. Aber das kann die Kraft von Weihnachten nicht brechen. Weihnachten mag umstritten sein. Teilnahmslos lässt es fast niemanden. Und im Zentrum steht jedes Mal die biblische Weihnachtsgeschichte aus dem Lukasevangelium.

Es ist erst mal nur eine Geschichte, die vor fast zwei Jahrtausenden weitererzählt und aufgeschrieben worden ist. Ein Meisterwerk, ein Stück Weltliteratur, ein Glücksfall für die Entwicklung unserer christlichen Tradition. Zwei völlig unbedeutende Leute sind unterwegs, so unbedeutend, dass niemand ihnen die Tür öffnet, um ihnen Herberge zu geben. Josef und Maria finden keine Herberge. Ihr Kind wird geboren, und die Umstände werden so geschildert, dass wir uns den Ort heute in unseren Weihnachtskrippen als Stall vorstellen. Allerlei Tiere sind mit dabei. Man riecht es förmlich. Und doch kommt hier der Himmel auf die Erde. Ein großer Engelschor lobt Gott angesichts der Geburt des Heilands und verheißt Frieden auf Erden. Ausgerechnet arme Hirten hören diese Botschaft als Erste. Sie gehen hin und beten das Kind an.

So mancher Religionskritiker sagt: schöne Geschichte. Märchen sind wirklich etwas Schönes. Aber Märchen sind eben Märchen, Traumwelten sind Traumwelten. All das Weihnachtsgesäusel vernebelt den Leuten so den Verstand, dass sie es für Realität halten. Die Wirklichkeit ist eine andere.

Doch was die Engel da gesungen haben, waren keine leeren Versprechungen. Die Worte aus dem Lukasevangelium haben immer wieder sehr konkrete Konsequenzen gehabt. Wie die Waffenruhe im Dezember 1914, mitten im Ersten Weltkrieg, die als »Weihnachtsfrieden« (»Christmas truce«) in die Geschichtsbücher eingegangen ist. Britische und deutsche Soldaten haben es an diesem Weihnachtsfest mitten im Krieg geschafft, die größte Kriegsmaschinerie, die die Welt bis dahin gesehen hatte, an einem Punkt zum Stoppen zu bringen, ohne Erlaubnis, ohne Befehl von oben. Menschen, die darauf getrimmt waren, sich zu töten, halten inne, lassen sich anrühren von den Worten der Engel vom Frieden auf Erden und legen die Waffe aus der Hand und nehmen dafür Geschenke in die Hand. Eine kurze Zeit lang ist die Kraft der Versöhnung stärker als Hass und Feindschaft zwischen Völkern.

Der Erste Weltkrieg war dadurch nicht zu Ende. Nach Weihnachten wurde weitergekämpft. Aber diese Weihnachtserfahrung blieb. Auch danach konnte sie niemand mehr aus der Welt herausschießen. Da, wo die Menschen die Kraft der Weihnachtsbotschaft in ihr

Herz hineinlassen, wird die Welt anders. Keiner kann sich heute mehr vorstellen, dass Soldaten europäischer Nationen aufeinander schießen. Heute sitzen im Europäischen Parlament Vertreterinnen und Vertreter von Nationen zusammen, die sich im vergangenen Jahrhundert in zwei Weltkriegen feindlich gegenüberstanden.

Angesichts der Gefährdung der europäischen Idee kann man nicht deutlich genug betonen, wie wenig selbstverständlich das ist. Europa – und das ist keine hohle Phrase! – ist ein Friedensprojekt, für das es sich einzusetzen lohnt. Die Überwindung von Hass und Feindschaft innerhalb Europas ist heute für uns so selbstverständlich, dass wir manchmal viel zu sorglos damit umgehen. Nur wer sich klarmacht, dass die Völker, die in diesem Projekt jetzt zusammenarbeiten, in den letzten hundert Jahren zweimal in blutigen Kriegen mit zig Millionen Opfern aufeinander losgegangen sind, versteht wirklich, wie kostbar die gewonnene Gemeinsamkeit ist. Das Versöhnungswunder, das sich an Weihnachten 1914 zwischen verfeindeten Soldaten ereignet hat, hat sich am Ende als Keimzelle für etwas viel Größeres erwiesen. Und es hat gezeigt, dass diejenigen die wahren Realisten sind, die auch in den schlimmsten Gewalterfahrungen nie die Hoffnung verlieren. Weil die Engel am Ende recht behalten werden, wenn sie singen: Friede auf Erden den Menschen seines Wohlgefallens!

Europa ist ein Friedensprojekt, und die christliche Botschaft gehört zu seinen wichtigsten geistigen Grundlagen. Im Zentrum dieser Botschaft steht die Liebe und die Würde des Menschen, die nicht von Herkunft, Status, Hautfarbe oder Religionszugehörigkeit abhängt. Pauschale Abwertung anderer Religionen und damit ja auch der Menschen, für die ihre Religion von existenzieller Bedeutung ist, ist damit unvereinbar. Wer für neue christliche Impulse in Europa demonstriert, muss ganz andere Fragen auf die Tagesordnung bringen: nach den viel zu großen Gegensätzen zwischen Arm und Reich, nach einer Jugendarbeitslosigkeit von bis zu 50 Prozent in manchen Ländern, nach dem Hin- und Herschieben von Menschen, die bei uns ihre Zuflucht suchen.

Als ich vor einer Zeit mit einer Delegation des Rates der Evangelischen Kirche in Deutschland in Ägypten gewesen bin, haben uns die Christinnen und Christen dort immer wieder darauf hingewiesen, dass es Heiliges Land ist, in dem sie leben. Ihr Oberhaupt, der koptisch-orthodoxe Papst Tawadros II., hat mir eine Landkarte mit der Reiseroute überreicht, die die Heilige Familie bei ihrer Flucht vor dem König Herodes nach Ägypten genommen haben könnte. Die ägyptischen Christen sehen ihr Land als Heiliges Land, weil die Weihnachtsgeschichte von einem Asyl suchenden Ehepaar mit einem kleinen Kind erzählt, das bei ihnen Zuflucht gesucht und gefunden hat. Bei diesem Aufenthalt habe ich auch Geschichten von heute gehört. Mir geht nicht aus dem Kopf, wie uns von Seeleuten erzählt wurde, die nicht bei Tageslicht, sondern nachts fahren, weil sie den Blick auf tote Körper, die vor der ägyptischen Küste im Meer treiben, nicht mehr ertragen.

Das christliche Europa hat heute die Aufgabe, seinen Umgang mit den Menschen auf der Flucht so neu zu ordnen, dass keiner mehr im Mittelmeer ertrinken muss. Europa muss zu einer Kraft in der Welt werden, die mit fairen Handelsbeziehungen und internationalen Beziehungen auf Augenhöhe dazu beiträgt, dass Menschen nicht mehr fliehen müssen. Dann wird das europäische Friedensprojekt zu einem Weltfriedensprojekt.

Wenn Menschen heute in ganz unterschiedlichen Projekten ihr Geld oder ihre Zeit teilen mit Menschen, die in Not sind, dann mögen das nur kleine Schritte sein – so wie der Weihnachtsfrieden 1914 zwischen deutschen und britischen Soldaten. Aber es könnte zur Keimzelle von etwas viel Größerem werden: einer Welt, in der alle Menschen in Würde leben können.

Die Weihnachtsbotschaft will uns verwandeln, indem wir die Sehnsucht nach Frieden und Gerechtigkeit auch dann im Herzen bewahren, wenn ihre Verwirklichung aussichtslos erscheint. Indem wir die Menschen, die in Not sind, wahrnehmen, für sie beten und mit unserer Zeit oder mit unseren Geld zur Überwindung ihrer Not beitragen. Indem wir uns öffentlich dafür einsetzen, dass die Ursachen ihrer Not bekämpft werden.

Die Weihnachtsgeschichte erzählt nicht von einer schlagartigen weltpolitischen Veränderung. Sie erzählt von der Geburt in Bethlehem. Sie erzählt von den Hirten, die zur Krippe gekommen waren, und am Ende wieder umkehren, einfach wieder an ihre Arbeit gehen, Schafe hüten, in kalten Nächten frieren, mit den Widrigkeiten des Lebens kämpfen. Doch etwas hat sich geändert: Sie gehen verändert, verwandelt zurück. Sie haben den Frieden, von dem die Engel gesungen haben, nie mehr verloren, sie haben ihn mitgenommen. Sie haben den Heiland gesehen. Der Himmel hat sich ihnen geöffnet. Und sie haben die Welt wieder lieben gelernt, weil sie nun wussten: Gott wohnt in dieser Welt, und Gott wird sie nie alleinlassen.

Das ist die Botschaft der Weihnachtsgeschichte, und sie ist der Grund, dass wir uns in diesen Tagen zurufen: Frohe Weihnachten! Fröhlich sind sie nicht für alle Menschen, diese Tage. Aber froh im Sinne von gesegnet sind sie für alle. Auch und gerade denen, die im Dunkel leben, scheint ein helles Licht. Alle miteinander, die Fröhlichen und die Traurigen, werden verwandelt an der Krippe in Bethlehem. Jetzt wissen wir, woher wir kommen, wer wir sind und wohin wir gehen. Es ist die Liebe Gottes, die das Geheimnis unseres Lebens ans Licht bringt.

Es gibt wirklich nichts Schöneres als Weihnachten!

Die Tore des Paradieses

Der von oben her kommt, ist über allen. Wer von der Erde ist, der ist von der Erde und redet von der Erde. Der vom Himmel kommt, der ist über allen und bezeugt, was er gesehen und gehört hat; und sein Zeugnis nimmt niemand an. Wer es aber annimmt, der besiegelt, dass Gott wahrhaftig ist. Denn der, den Gott gesandt hat, redet Gottes Worte; denn Gott gibt den Geist ohne Maß. Der Vater hat den Sohn lieb und hat ihm alles in seine Hand gegeben. Wer an den Sohn glaubt, der hat das ewige Leben. Wer aber dem Sohn nicht gehorsam ist, der wird das Leben nicht sehen, sondern der Zorn Gottes bleibt über ihm.

JOHANNES 3,31–36

Die Worte aus dem Johannesevangelium sind keine leichte Kost; aber leichte Kost ist eben auch nicht immer am nahrhaftesten. Und vielleicht brauchen wir gerade an Weihnachten wirklich nahrhafte Kost. Denn es ist diese Kost, die die Weihnachtsstimmung davor bewahrt, nur noch ebenso schönes wie flüchtiges Gefühl oder gar sentimentaler Kitsch zu sein.

Es wäre schlimm, wenn es diese Weihnachtsstimmung nicht gäbe. Denn sie gibt der Weihnachtsbotschaft Wurzeln im Herzen, im Gefühl, in der Seele. An Weihnachten theologische Richtigkeiten auszutauschen, wäre nicht nur ziemlich fade. Es würde auch den Kern der Weihnachtsbotschaft verfehlen. Denn es ist eine Botschaft an den ganzen Menschen, eine Botschaft, die Verstand, Herz und Gefühle, eben die ganze Existenz betrifft.

Wem in diesen Tagen des Advents und der Weihnachtszeit eine Träne gekommen ist, beim Hören oder Singen der Advents- und Weihnachtslieder, beim Öffnen eines liebevollen Geschenks, beim Wiedersehen mit der Familie nach langer Zeit oder auch in der Trauer um einen lieben Menschen, der zum ersten Mal an Weihnachten nicht mehr da ist, dann waren das wahrhaft weihnachtliche Tränen. Denn sie kommen mitten aus dem Leben. Aus der Freude, aus der Trauer, aus der Verlorenheit, aus der Fülle unseres Lebens.

Genau davon handeln die Worte aus dem Johannesevangelium. Denn sie handeln von der Menschwerdung Gottes, die wir an Weihnachten feiern. Sie sprechen davon, dass Gott in unseren Lebenswelten, den äußeren und den inneren Lebenswelten, Heimat gefunden hat. »Der Vater hat den Sohn lieb« – schreibt Johannes – »und hat ihm alles in seine Hand gegeben.« Vater und Sohn sind eins. Was dem Vater gehört, gehört dem Sohn. In dem Sohn zeigt sich der Vater selbst. Gott wird wirklich Mensch. Das ist die ungeheure Botschaft des Weihnachtsfestes.

Das können wir vielleicht mit unserem Verstand nicht wirklich begreifen. Wir können die revolutionäre Bedeutung dieser Botschaft für uns persönlich und für die ganze Welt nur in der Seele ahnen, uns von den Lichtern sinnlich dafür öffnen lassen. Aber sie fasziniert uns. Und weil uns diese Faszination nicht loslässt, deswegen sind wir so empfänglich für die Weihnachtsstimmung. Deswegen spielt dabei Harmonie eine so große Rolle. Deswegen erwarten wir von dieser Stimmung, dass die Widersprüche unseres Lebens in einem ganz tiefen Sinne darin aufgehoben sind.

Gibt es überhaupt einen Gott? Wo ist Gott? Das kann eine philosophische Frage sein: Wie lässt sich die spirituelle Seite der menschlichen Existenz in Einklang bringen mit den Erkenntnissen moderner Wissenschaft und mit den religionskritischen Einsichten der Aufklärung? Und es kann eine sehr existenzielle Frage sein. Wo ist Gott? Wo ist Gott im Leiden der Unschuldigen? Die Antwort auf solche Fragen könnte nur eine kalte und bittere sein – gäbe es die Weihnachtsbotschaft nicht.

Der Vater hat den Sohn lieb
und hat ihm alles in seine Hand gegeben.

Das heißt nicht, dass der Sohn nun herrscht, indem er die Fäden zieht. Sondern er herrscht, indem er der Bruder der Menschen wird. Das ist eine Herrschaft, die alles sprengt, was wir an Konzepten im Kopf haben. Konzepte von dem Strippenzieher-Gott, der alle Handlungen der Menschen lenkt. Konzepte vom Knopfdrücker-Gott, der auf den Tsunami-Knopf drückt, wenn ihm danach ist. Konzepte vom Strafrichter-Gott, der unter Gerechtigkeit die Ahndung von Fehlverhalten versteht.

Das alles wird durch die Weihnachtsbotschaft aus unseren Köpfen hinausgefegt. Weil es ohne Liebe ist. Weil es den Kern des Wesens Gottes, wie wir Christinnen und Christen ihn verstehen, einfach außer Acht lässt. Es ist die Liebe, die Gott dazu treibt, Mensch zu werden. Es ist das Mitleiden Gottes mit dem Leiden der Welt, das Gott in die Mitte der Menschen bringt. Gott kann es nicht mehr mitansehen, wie die Menschen seine Gebote missachten und einander so viel Leid antun. Gott will bei ihnen sein, wenn sie Gewalt erleiden.

»Gott gibt den Geist ohne Maß«, schreibt Johannes. Es ist ein Geist der Liebe, ein Geist der Anteilnahme, ein Geist der Demut. Dass Gott sich aus Liebe seiner Herrlichkeit entkleidet und bei den Menschen sein will, ihre Herzen verändern will, nicht durch Kontrolle, sondern durch Inspiration, durch innere Bewegung, durch den Geist: Das ist der Kern der Weihnachtsbotschaft.

Lobt Gott, ihr Christen alle gleich,
in seinem höchsten Thron,

der heut schließt auf sein Himmelreich
und schenkt uns seinen Sohn.

So hat der Kirchenmusiker Nikolaus Herman im
16. Jahrhundert gedichtet und es in diesem Lied geschafft, in wenigen Sätzen den Sinn der Menschwerdung Gottes zu beschreiben:

Er kommt aus seines Vaters Schoß
und wird ein Kindlein klein,
er liegt dort elend, nackt und bloß
in einem Krippelein.
Er äußert sich all seiner G'walt,
wird niedrig und gering
und nimmt an eines Knechts Gestalt,
der Schöpfer aller Ding.

Das ist es! Genau das ist das Faszinierende und unend-
lich Tröstliche: Der Schöpfer aller Dinge wird ein
Knecht, wird niedrig und gering.

Die Konsequenzen sind ungeheuerlich: Es gibt kein
Stück Welt mehr, das so verloren wäre, so abgeschnit-
ten von seiner Bestimmung, dass es nicht mehr erreicht
werden könnte von der Liebe Gottes, dass es aufgege-
ben werden müsste, dass es nicht mehr sichtbar werden
könnte als das, was es ist: Teil der guten Schöpfung
Gottes. Das ist der Grund dafür, dass wir dieses Kind in
der Krippe als Heiland der Welt bezeichnen. Das ist der

Grund dafür, dass wir von ihm wirklich Heilung der Welt erwarten dürfen. Das ist der Grund dafür, dass wir angesichts von Gewalt und Unrecht in der Welt die Hoffnung nicht verlieren müssen.

»Wer an den Sohn glaubt«, sagt Johannes, »der hat das ewige Leben.« Und fährt dann fort: »Wer aber dem Sohn nicht gehorsam ist, der wird das Leben nicht sehen, sondern der Zorn Gottes bleibt über ihm.« Ja, solche Selbstabschneidung von den Lebensquellen Gottes hat Konsequenzen. Die Verlorenheit, die daraus kommt, die Depression, die können Menschen tatsächlich als Zorn Gottes erfahren. Dass über ihnen der Zorn Gottes bleibt. Dass Gott sich ihnen entzieht. Bis sie durchbrechen zu dieser Erkenntnis, dass Rettung da ist. Dass das eigene Leiden nicht Zeichen der Gottverlassenheit ist, sondern Ort der Gegenwart Gottes, der Solidarität Gottes. Bis sie verstehen, dass Gott uns nicht klein macht, sondern dass Gott uns groß macht. Bis sie wirklich die Erfahrung machen, dass Glaube ewiges Leben schafft.

> Er wird ein Knecht und ich ein Herr;
> das mag ein Wechsel sein!
> Wie könnt es doch sein freundlicher,
> das herze Jesulein.

Ja, Gott gibt den Geist ohne Maß, und darin macht Gott uns groß! Nicht großmannssüchtig, sondern groß.

Groß in der Liebe, groß in der Selbsterkenntnis, groß in der Lust am Leben! Groß in der Achtung vor uns selbst und vor anderen, groß in der Hoffnung, dass kein Dunkel der Welt so finster ist, dass Gott sein Licht dort nicht anzünden kann.

Die Weihnachtsstimmung ist etwas Wunderschönes. Ob sie wieder verfliegt und dann vielleicht nur noch Leere zurückbleibt oder ob sie unser Leben verändert, entscheidet sich daran, ob wir das wirklich im Herzen hören und uns mit unserem Leben darauf einlassen: dass der allmächtige, ewige Gott Mensch geworden ist und uns wie ein Bruder oder eine Schwester in den guten und in den schweren Tagen begleitet, heute, morgen, im kommenden Jahr, das ganze Leben, ja eine ganze Ewigkeit. Nichts weniger bedeutet das, als dass sich an Weihnachten für uns die Tore des Paradieses wieder öffnen. Die Cherubim, die Engel, die den Eingang zum Paradies bewachen, sind abgezogen.

> Heut schließt er wieder auf die Tür
> zum schönen Paradeis;
> der Cherub steht nicht mehr dafür.
> Gott sei Lob, Ehr und Preis.

Gottes Kinder sind wir

Seht, welch eine Liebe hat uns der Vater erwiesen, dass wir Gottes Kinder heißen sollen – und wir sind es auch! Darum kennt uns die Welt nicht; denn sie kennt ihn nicht. Meine Lieben, wir sind schon Gottes Kinder; es ist aber noch nicht offenbar geworden, was wir sein werden. Wir wissen aber: wenn es offenbar wird, werden wir ihm gleich sein; denn wir werden ihn sehen, wie er ist. Und ein jeder, der solche Hoffnung auf ihn hat, der reinigt sich, wie auch jener rein ist. Wer Sünde tut, der tut auch Unrecht, und die Sünde ist das Unrecht. Und ihr wisst, dass er erschienen ist, damit er die Sünden wegnehme, und in ihm ist keine Sünde. Wer in ihm bleibt, der sündigt nicht; wer sündigt, der hat ihn nicht gesehen und nicht erkannt.

1 JOHANNES 3,1–6

Mit biblischen Texten ist es ein bisschen wie mit den Geschenken, die an Weihnachten unter dem Christbaum liegen: Man muss sie erst einmal auspacken, um wirklich zu sehen, was darinsteckt. Auf den ersten Blick wirkt das, was Johannes seiner Gemeinde schreibt, irgendwie spröde und lehrhaft, nicht gerade die Kost, die jemand am Weihnachtstag erwartet. Aber, das habe ich inzwischen gelernt, dieser Text ist wirklich ein Weihnachtstext, geradezu ein Leckerbissen. Dieser Text ist ein Leckerbissen, weil er das große Geheimnis von Weihnachten zu deuten hilft, weil er zu sagen versucht, was Weihnachten mit jedem von uns zu tun hat. Das Wichtigste: Diese biblischen Worte wollen uns sehen helfen:

> Seht, welch eine Liebe hat uns der Vater erwiesen,
> dass wir Gottes Kinder heißen sollen.

Seht, wie das Kind in der Krippe euer Leben verändert! Dieses Kind, dessen Geburt wir an Weihnachten feiern, ist wirklich Gottes Sohn, und ihr, die ihr euren Weg mit ihm gehen wollt, die ihr euch an Jesus halten wollt, ihr seid wirklich Gottes Kinder! Es ist erstaunlich, dass Johannes den Mut hat, das so deutlich zu sagen:

> Seht, welch eine Liebe hat uns der Vater erwiesen,
> dass wir Gottes Kinder heißen sollen – und wir sind es
> auch!

Nicht etwa: »wir könnten Gottes Kinder werden« oder: »immer wieder neu sollen wir Gottes Kinder werden«, nein, ohne Einschränkung wagt Johannes zu sagen:

Wir sind es. Wir sind Gottes Kinder. Das muss man sich erst einmal sagen lassen – am besten gleich mitten ins Herz hinein. Ich finde, am Weihnachtsfest können wir diesen Satz einfach einmal mitsprechen: ohne Angst vor Hochmut, ohne uns kleinmachen zu müssen, ohne gleich wieder die vielen Warnschilder aufzurichten, die gerade wir Protestanten manchmal so lieben. Ich möchte es an Weihnachten einfach einmal sagen und feiern: Wir sind Gottes Kinder. Gott ist uns wie ein Vater und wie eine Mutter. Gott schaut auf uns und freut sich an uns, so wie sich eine Mutter an ihren Kindern freut. Gott schaut auf uns, was wir tun, wie wir leben, er sieht uns mit unseren Stärken und unseren Schwächen, und Gott hält zu uns, wie ein Vater zu seinen Kindern hält. Denn dass wir nicht nur Stärken haben, sondern auch Schwächen, das weiß Gott nur zu gut, und das eigentlich Erstaunliche ist: Trotzdem nimmt er uns so an, dass wir Gottes Kinder heißen dürfen.

Im ersten Johannesbrief sagt das der biblische Autor im vollen Bewusstsein all der Abwege, auf die wir immer wieder geraten oder zu geraten drohen. So klar, wie er davon spricht, dass wir Gottes Kinder sind, so klar spricht er von der Sünde. Und das macht diesen Text für uns auf den ersten Blick so unweihnachtlich, denn: Er sagt uns durchaus mehr darüber als jener Gottesdienstbesucher, der aus dem Gottesdienst kommt und gefragt wird: Na, worüber hat denn der Pfarrer heute gesprochen? Und der dann sagt: Über die Sünde. »Und, was hat er gesagt?« »Er war dagegen.«

Johannes gibt uns da schon etwas mehr auf den Weg. In seinen Sätzen gibt er uns zwei Sehhilfen mit: die eine zum Erkennen der Sünde und die andere zum Umgang mit der Sünde. Was die Sünde ist, das bringt er auf einen klaren Nenner: Die Sünde ist das Unrecht. Überall da, wo es ungerecht zugeht, da frisst sich die Sünde in die Beziehungen zwischen uns Menschen hinein.

Wir haben verlernt, angemessen von Sünde zu sprechen. Entweder wir machen daraus Moralismus. Dann ist Sünde alles, was Spaß macht, aber irgendwie verboten ist. Oder wir banalisieren die Sünde. Dann sprechen wir augenzwinkernd von Parksünden oder von Diätsünden. Mit dem, was die Bibel mit »Sünde« meint, hat das überhaupt nichts zu tun. In der Bibel ist das Reden von Sünde der erste Schritt in die Freiheit. Denn es wird damit etwas beim Namen genannt, was wir genau kennen, worin wir feststecken und aus dem wir nur allzu oft schwer selbst herausfinden.

Martin Luther hat einmal sehr schön beschrieben, was gemeint ist. Sünde ist die »Verkrümmung des Menschen in sich selbst«. Da schneiden wir uns ab von unseren Lebensquellen, die aus Beziehungen kommen. Gelingendes Leben wäre: in Beziehung zu Gott und den anderen zu sein, daraus frei zu leben. Ein sündiges Leben ist: so sehr in sich selbst verkrümmt, mit sich selbst beschäftigt zu sein, dass ich weder zu Gott, zu anderen

Menschen noch zu mir selbst, geschweige denn zu irgendwelchen Lebensquellen komme. Die Befreiung von der Sünde heißt dann, aus dieser Verkrümmung in sich selbst befreit zu werden, sich aufrichten zu können, sich aus der Schutzhaltung zu lösen und nun mit ausgebreiteten Armen durchs Leben gehen zu können. Offen für Gott und offen für Gemeinschaft mit den Mitmenschen: Das ist die Überwindung von Sünde!

Was für eine Perspektive für unser persönliches Leben! Und: Was für eine Perspektive für unsere Gesellschaft! Denn es gibt auch Gesellschaften, die verkrümmt sind in sich selbst. In solchen Gesellschaften reißen die Menschen bei materiellen Reichtümern die Augen auf, aber bei menschlichen Reichtümern sind sie wie Schlafwandler. Und erst wenn die menschlichen Beziehungen zerbrochen sind und sie merken, dass man sich Liebe nicht kaufen kann, spüren sie, was sie verloren haben.

> Wer Sünde tut, der tut auch Unrecht, und die Sünde ist das Unrecht. Und ihr wisst, dass er erschienen ist, damit er die Sünden wegnehme, und in ihm ist keine Sünde. Wer in ihm bleibt, der sündigt nicht; wer sündigt, der hat ihn nicht gesehen und nicht erkannt.

Das sind herbe Sätze, aber weihnachtliche Worte. Eine biblische Sehhilfe als Ermutigung zu einer Gesellschaft der Achtsamkeit. Einer Gesellschaft, die den Reichtum menschlicher Beziehungen wahrnimmt, in der die Menschen Augen für ihre Mitmenschen haben und in der die Menschen auch noch Kraft für andere haben, anstatt erschöpft vom Geldverdienen zu sein.

Immer mehr werden wir von den Zwängen der Ökonomie beherrscht. In den letzten Jahrzehnten hat sich unsere Gesellschaft zur Turbogesellschaft entwickelt. Alles muss immer schneller, immer besser, immer effektiver sein. Der materielle Wohlstand ist dadurch gewachsen. Aber der menschliche Wohlstand hat nicht Schritt gehalten. Auch die Arbeitszeiten müssen sich immer mehr dem anpassen, was für den Betrieb am effektivsten ist. Viele Menschen sind ausgelaugt. Viele Menschen können nicht mehr. Der Gemeinschaft tut das nicht gut. Die Sportvereine finden immer weniger Trainer, weil die Flexibilität für die Firma keinen regelmäßigen Trainingstermin ermöglicht. Schon Kinder können sich den Luxus, in einem Chor zu singen oder in einer Jugendgruppe der Gemeinde mitzumachen – eben irgendetwas zu tun, das nicht gleich auf Leistung zielt –, neben der Schule fast nicht mehr leisten. Ja, ganze Familien haben nicht genügend Zeitinseln für gemeinsame Aktivitäten. Deswegen wenden sich die Kirchen auch so nachdrücklich gegen die Kommerzialisierung des Sonntags. Ökologische Biotope haben wir in den letzten Jahren glücklicherweise immer mehr geschaffen. Nun brauchen wir auch wieder mehr soziale Biotope. Geschützte Räume, in denen Familien und andere Gemeinschaften Zeiten und Orte haben für das, was wirklich zählt: nämlich Beziehungen zu anderen Menschen, die unser Leben reich machen und die uns in guten und in schweren Tagen tragen. Wir brauchen eine Gesellschaft, in der wir Mensch sein dürfen.

Weil die Sünde das Menschsein-Dürfen verhindert, deswegen spricht der Johannesbrief so viel von der Sünde. Denn es gibt eine Art »sozialer Sünde«, die solche reichen menschlichen Beziehungen blockiert. So ist es ja auch in unserem Alltag: Wir alle arbeiten noch mehr, versuchen noch effektiver, perfekter zu sein, wir alle machen mit in dieser Turbogesellschaft – ohne dass wir klar sagen könnten: Der- oder diejenige ist schuld daran. Da gab es jenen Gremienbeschluss, diese Umstellung von Arbeitsabläufen: Es sind irgendwie die Verhältnisse, in denen es den Menschen immer schwerer gemacht wird, einfach aufeinander zuzugehen und Zeit füreinander zu haben. Wenn wir als Kirche das »Sünde« nennen, dann wollen wir nicht moralischen Leistungsdruck erzeugen, sodass jeder sich noch mehr anstrengen muss, um ein guter Mensch zu sein. Im Gegenteil, Menschsein-Dürfen heißt auch Befreiung von solchem moralischen Leistungsdruck. Genau diese Sprache sprechen die schlichten Worte aus dem ersten Johannesbrief:

> Seht, welch eine Liebe hat uns der Vater erwiesen,
> dass wir Gottes Kinder heißen sollen – und wir sind es
> auch!

Wir, die wir von der Sünde kleingemacht worden sind, werden groß, so groß, dass wir Gottes Kinder heißen dürfen. Ein Gotteskind zu sein, das ist meine, das ist unser aller Auszeichnung, unser Ehrentitel.

Nicht ein angestrengter moralische Appell nach dem Motto »Du musst, du solltest« ist es, der uns das Gute tun lässt, nein, Johannes weiß, dass es viel einfacher ist: Halte dich an Jesus! Erspüre durch ihn immer wieder, wie barmherzig Gott ist. Gönne dir das Gefühl, dass du mit allen Stärken und Schwächen von Gott geliebt bist. Schau immer wieder auf die befreienden, heilenden Geschichten, wie Jesus Blinde sehend macht, wie er Lahme gehen lässt, wie er den Armen das Evangelium verkündigt, wie er Gemeinschaft hat mit den Außenseitern und den Schwächsten. Ich schaue immer wieder auf alle diese Geschichten und lasse mich anstecken: Halte dich an Jesus!

Der Tag wird kommen, so schreibt Johannes, an dem das alles offenbar werden wird, an dem alle Zweideutigkeiten ein Ende haben, an dem an uns und an allen Kindern Gottes für alle sichtbar sein wird, dass die Sünde ihr Spiel ausgespielt hat.

Wir sind schon Gottes Kinder, es ist aber noch nicht offenbar geworden, was wir sein werden. Wir wissen aber, wenn es offenbar wird, werden wir ihm gleich sein, denn wir werden ihn sehen, wie er ist.

Dann hört alles bange Fragen auf, so füge ich hinzu. Dann werden wir das Heil sehen, das so oft unter dem Unheil verborgen zu sein scheint. Dann werden wir in Fülle erleben, was wir heute nur erahnen können, dass wir alle Schwestern und Brüder sind, dass wir Kinder Gottes sind, dass das Kind in dem Stall in Bethlehem uns mitgenommen hat ins Licht.

Die Worte des Johannes geben der großen Hoffnung von Weihnachten in unserem Leben eine feste Heimat. Johannes traut sich, das in aller Deutlichkeit zu sagen: Das Kind in der Krippe ist erschienen, damit wir alle Gottes Kinder werden. Und wir sind es schon. Wir sind Gottes Kinder, und die Sünde verliert ihre Macht über uns. Es wird Weihnachten.

All die schönen Dinge, die wir an Weihnachten einander schenken, sind Botschafter dieser großen Freude, sind Zeichen der Liebe, die wir erfahren und die wir weitergeben. Sie erinnern uns an das größte Geschenk, das wir Menschen je bekommen haben: Der Heiland der Welt ist geboren. In die Dunkelheit ist ein Licht gekommen, das keiner mehr auslöschen kann. Es leuchtet in unserem Leben in Zeit und in Ewigkeit. Alle Anspannung weicht. Unser Herz öffnet sich für Gott und für unsere Mitmenschen. Wir spüren, wie die Welt neu wird.

In Freiheit leben

Als aber die Zeit erfüllt war, sandte Gott seinen
Sohn, geboren von einer Frau und unter das
Gesetz getan, damit er die, die unter dem Gesetz
waren, erlöste, damit wir die Kindschaft
empfingen. Weil ihr nun Kinder seid, hat Gott den
Geist seines Sohnes gesandt in unsre Herzen, der
da ruft: Abba, lieber Vater! So bist du nun nicht
mehr Knecht, sondern Kind; wenn aber Kind, dann
auch Erbe durch Gott.

GALATER 4,4–7

Auch an diesen Weihnachten werde ich Geschenke
überreichen und selbst auspacken und mich über die
darin ausgedrückten Zeichen der Verbundenheit freuen,
so klein das eine oder andere Geschenk auch gewesen sein mag. Und ich werde Weihnachtspost erhal-
ten: vorgedruckte Weihnachtsrundbriefe ohne persönliche Anrede oder mit Serienbrieffunktion, die nur
durch ihren Inhalt von in hoher Auflage versandter
Werbepost zu unterscheiden war. Und sehr persönliche
Post, vielleicht handgeschriebene Briefe oder Karten,
für die sich jemand viel Zeit nur für mich genommen

hat. Über diese persönliche Post freue ich mich am meisten.

Weihnachten ist das Fest, an dem wie an keinem anderen Fest unser inneres Streben nach Beziehung im Zentrum steht. Durch die vielen Zeichen der Beziehung, die wir selbst an Weihnachten aussenden, und die vielen Zeichen der Beziehung, die wir empfangen. Das ist vielleicht der wichtigste äußere Grund der großen Ausstrahlungskraft des Weihnachtsfestes. Und deswegen mögen wir manchmal klagen über den Vorweihnachtsstress, über das alles, was noch erledigt werden muss, die Weihnachtspost, die noch nicht geschrieben ist, oder die Geschenke, die noch nicht besorgt sind. Aber es einfach sein lassen wollen wir auch nicht.

Es gibt ja immer wieder solche Vorschläge: dass man das Schenken einfach lassen soll, um Zeit zur Besinnung zu haben. Oder dass man die Weihnachtspost dieses Jahr einmal ausfallen lassen soll, um Zeit zum Innehalten, Zeit zum Beten und Zeit zur Einkehr zu haben. Und diese Vorschläge sind ja auch allzu nachvollziehbar. Aber warum finden sie so wenig Widerhall? Warum prallen sie am Ende doch einfach an uns ab? Warum besorgen wir am Ende doch Geschenke, warum schreiben wir am Ende doch die Weihnachtspost, warum ist es uns so wichtig, das alles vor Weihnachten noch fertig zu bekommen?

Weil Weihnachten das Fest der Beziehung ist. Weil wir ein genaues Gespür dafür haben, dass es in der

Gottesbeziehung auch um die Beziehung zu den anderen Menschen geht. Das alles ist nicht nur der Ausdruck einer konventionellen Weihnachtskultur. Das machen wir nicht nur, weil man es eben so macht oder weil es erwartet wird. Es sind nicht nur die Rituale einer weihnachtlichen Zivilreligion, sondern trifft etwas vom Kern der Weihnachtsbotschaft. Paulus schreibt:

> Als aber die Zeit erfüllt war, sandte Gott seinen Sohn, geboren von einer Frau und unter das Gesetz getan, damit er die, die unter dem Gesetz waren, erlöste, damit wir die Kindschaft empfingen. Weil ihr nun Kinder seid, hat Gott den Geist seines Sohnes gesandt in unsre Herzen, der da ruft: Abba, lieber Vater!

»Abba, lieber Vater!« Das ist der Ruf, den uns die Weihnachtsbotschaft in die Herzen schreibt. Wenn jemand mich in seiner Weihnachtspost persönlich anredet und wenn ich spüre, dass wirklich ich persönlich gemeint bin, dann ist das genau eine solche Weihnachtserfahrung. Die Erfahrung, dass in den Zeichen der Verbundenheit, die ich bekommen habe, etwas von der Beziehungskraft zum Ausdruck gekommen ist, die mit der Weihnachtsbotschaft in die Welt gekommen ist.

Der Geist, den Gott in der Geburt seines Sohnes in unsere Herzen gesandt hat, ruft »Abba, lieber Vater«. Das hebräische Wort »Abba«, das da als Anrede für

Gott im Text steht, ist so unübersetzbar, dass es in unserer Lutherbibel einfach stehen geblieben ist. Es drückt eine innige Beziehung, ein vorbehaltloses Vertrauen aus. Jesus gebraucht genau dieses Wort, als er im Garten Gethsemane kurz vor seiner Festnahme sein Leben in Gottes Hand legt:

> Abba, mein Vater, alles ist dir möglich; nimm diesen Kelch von mir; doch nicht, was ich will, sondern was du willst!
> MARKUS 14,36

Wir kennen solche Situationen. Dass nichts mehr von dem Vertrauen übrig bleibt, das wir in Gott haben. Dass wir diese Beziehung nicht mehr spüren. Aber vielleicht haben wir auch dann noch die Kraft, auf Jesus zu schauen. Der Mensch Jesus, dieses Kind in der Krippe, dessen Geburt wir an Weihnachten feiern, ist von Gott zu uns gekommen, um uns hineinzuziehen in diese tiefe Vertrauensbeziehung. Um unser Leben zu verwandeln, um unsere Unruhe, unsere Sorge, unsere Angst zu überwinden, sodass unsere Seele mit Jesus mitsprechen kann: »Abba, lieber Vater!« Sodass wir frei werden! Nichts weniger als Freiheit ist es, was aus dieser großen Verwandlung erwächst:

> Als aber die Zeit erfüllt war, sandte Gott seinen Sohn, geboren von einer Frau und unter das Gesetz getan,

damit er die, die unter dem Gesetz waren, erlöste,

damit wir die Kindschaft empfingen.

Wer ist mit denen, »die unter dem Gesetz waren«, gemeint? Man kann es sich natürlich leicht machen und das von sich wegschieben und sagen: Die unter dem Gesetz waren, sind die Juden! Und allzu lange hat man in christlicher Selbstgewissheit das Judentum als Gesetzesreligion bezeichnet und das Christentum als Religion der Freiheit. In Wirklichkeit sind wir als Christen kein bisschen weniger als die Juden in der Gefahr, vom Gesetz her zu leben anstatt aus der Freiheit. Jesus hat uns als Jude den Weg in die Freiheit gewiesen. Und diese Wegweisung brauchen wir heute genauso wie die Menschen damals!

Freiheit heißt, selbst Verantwortung zu übernehmen anstatt sein Handeln einfach nur an der Befolgung von Regeln zu orientieren. Die Befolgung von Regeln ist ja nicht gering zu schätzen. Wer etwas tut, weil die Regel das so vorgibt, der tut oft schon etwas durchaus Gutes. Denn wenn Regeln sinnvoll sind und ein gutes Leben ermöglichen, dann verdienen sie auch, befolgt zu werden.

Die Regel etwa, dass man seinem Partner treu zu sein habe, hat in sich schon eine hohe Bedeutung. Es hat seinen guten Sinn, dass sie sich als Regel so herausgebildet hat. Und wer durch allerlei Feldversuche herauszufinden versucht, ob diese Regel wirklich taugt, der hat das gute Leben schnell zerstört, für das er doch die richtigen Regeln herauszufinden versucht. Es hat also seinen guten Sinn, dass nicht alle Regeln permanent neu erfunden werden müssen oder erst jeder selbst alles ausprobiert haben und auf die Nase gefallen sein muss, um den guten Sinn bestimmter Regeln zu erkennen.

Und trotzdem hat Paulus recht, wenn er von der Kindschaft spricht, die aus der Knechtung unter das Gesetz erlöst. Denn das Gesetz – und das ist ja die Summe der Regeln für ein gutes Leben – ist eben kein Selbstzweck. Es muss seine Lebensdienlichkeit immer wieder zeigen. Es muss immer wieder von dem her neu verstanden werden, der uns das Leben gegeben hat und mit dem Leben auch die Verantwortung.

Darum ist die Weihnachtsgeschichte eine so entscheidende Geschichte. Denn in dem Kind in der Krippe »wird Gott Mensch« – wie wir sagen – und zeigt uns, wie ein freies Leben aussieht. Wenn wir wissen wollen, was das heißt, ein Leben aus der Freiheit zu führen, anstatt Regeln um der Regeln willen zu befolgen, dann brauchen wir nur auf Jesus zu schauen. Am Sabbat ermutigt er gegen den Widerstand der Gesetzeshüter, die die Regeln überwachen, seine Jünger, Ähren zu rupfen, um den Hunger zu stillen (Markus 2,23–28). Er heilt am Sabbat Menschen von ihren Krankheiten (Markus 3,1–6), weil der Mensch nicht für den Sabbat, sondern der Sabbat für den Menschen da ist (Markus 2,27). Und er rettet die Ehebrecherin vor der nach dem Gesetz vorgesehenen Steinigung und schreibt den Hütern der Moral ins Stammbuch, erst einmal auf ihre eigenen Sünden zu schauen, bevor sie über andere den Stab brechen (Johannes 8,7). Er führt das Gesetz wieder auf seinen eigentlichen Sinn zurück:

> Weh euch, Schriftgelehrte und Pharisäer, ihr Heuchler, die ihr den Zehnten gebt von Minze, Dill und Kümmel und lasst das Wichtigste im Gesetz beiseite, nämlich das Recht, die Barmherzigkeit und den Glauben!
> MATTHÄUS 23,23

Das Wichtigste im Gesetz, sagt Jesus, ist, dass Recht, Barmherzigkeit und Glauben beieinander bleiben. Wenn wir in unserer Kirche leidenschaftlich über ethische und moralische Leitplanken, etwa zum Thema Ehe und Sexualität, diskutieren, wollen wir das immer so tun, dass die barmherzige Menschennähe, die das Reden und das Handeln Jesu überall durchdringt, dabei im Zentrum steht. Die Ehe bleibt für uns das Leitbild, weil sie für lebensfreundliche Orientierungen wie lebenslange Treue und Verlässlichkeit steht. Aber deswegen müssen nicht alle anderen Wege, die Menschen gehen, abgewertet werden. Lebenswege verlaufen krumm, und Gott begleitet uns auch auf den krummen Wegen. Entscheidend ist, dass wir verantwortlich handeln. Dass wir als Kinder Gottes handeln, dass wir als Erben handeln:

So bist du nun nicht mehr Knecht, sondern Kind; wenn aber Kind, dann auch Erbe durch Gott.

Nicht Knecht, sondern Kind und Erbe durch Gott sein. Das ist die Einladung zu einem verantwortlichen Handeln, die uns Paulus mit seinen Weihnachtsworten mit auf den Weg gibt. Verantwortliches Handeln ist nicht nur im persönlichen Leben in unseren Beziehungen und Partnerschaften gefragt. Es ist auch nötig im Bereich von Politik und Wirtschaft. Freiheit heißt nicht Rücksichtslosigkeit. Freiheit heißt, die eigenen Interessen und die Verantwortung für andere zusammenzuhalten.

In den vergangenen Jahren ist beispielsweise den meisten Menschen bewusst geworden, dass ein unregulierter Finanzmarkt viel Schaden anrichten kann, ein Schaden, den oft besonders die zu spüren bekommen, die am wenigsten zu seiner Verursachung beigetragen haben. Die Bemühungen um Bankenregulierung werden dann Erfolg haben, wenn sie wirklich dazu helfen, das Geld wieder in den Dienst der Menschen zu stellen, anstatt die Geldvermehrung zum Selbstzweck zu machen. Kluge Regulierungen müssen von denen, die in dem Bereich tätig sind, aber auch mitgetragen werden. Ethische Verantwortung kann nicht nur aus Imagegründen in den Katalog der Geschäftsziele aufgenommen werden, sondern soll wirklich in der Unternehmenskultur verankert sein, von den Verantwortungsträgern aus

Überzeugung gelebt werden und in das wirtschaftliche Handeln einfließen.

Bis in solch profane Bereiche unseres Lebens wie das Geld reicht es herein, wenn der Apostel Paulus davon spricht, dass wir nicht mehr Knechte sind, sondern Kinder Gottes, ja Gottes Erben. Wir sind nicht mehr unter dem Gesetz, sondern frei. Wie reiche Erben sind wir dem verpflichtet, von dem wir unseren Reichtum bekommen haben. Aber die Gebote, die Gott uns gegeben hat, sind eben nicht Regeln, die uns knechten, sondern Wegmarken eines erfüllten Lebens in der Freiheit.

Weihnachten ist die nie versiegende Quelle dieses erfüllten Lebens in der Freiheit. Weil Gott Mensch geworden ist und die Liebe Gottes in diesem Menschen unter uns Wohnung genommen hat. Keiner kann sie mehr aus der Welt verbannen. Niemand kriegt sie mehr weg. An Weihnachten öffnen wir unser Herz dafür.

> Weil ihr nun Kinder seid, hat Gott den Geist seines Sohnes gesandt in unsre Herzen, der da ruft: Abba, lieber Vater!

Ich schaue auf die Lichter am Baum. Ich lese die Geschichte von der Geburt des Heilands. Und ich werde selbst froh und möchte aus ganzer Seele mitsprechen »Abba, lieber Vater!« und wissen oder auch nur ahnen, dass unser Heil da ist.

Kraftfeld Weihnachten

Als aber erschien die Freundlichkeit und
Menschenliebe Gottes, unseres Heilands, machte
er uns selig – nicht um der Werke der
Gerechtigkeit willen, die wir getan hatten, sondern
nach seiner Barmherzigkeit – durch das Bad der
Wiedergeburt und Erneuerung im Heiligen Geist,
den er über uns reichlich ausgegossen hat durch
Jesus Christus, unsern Heiland, damit wir, durch
dessen Gnade gerecht geworden, Erben des
ewigen Lebens würden nach unsrer Hoffnung.

TITUS 2,4–7

Die Worte aus dem Titusbrief spannen ein weihnacht-
liches Kraftfeld auf: Es ist von Freundlichkeit und
Menschenliebe die Rede. Davon, dass wir selig werden.
Gerechtigkeit und Barmherzigkeit werden genannt, Er-
neuerung im Heiligen Geist, Gnade, ewiges Leben und
Hoffnung.

Ich meine, etwas von diesem Kraftfeld spüren zu
können in den Tagen, die auf das Weihnachtsfest hin-
führen. Wir mögen manchmal klagen über Hektik und
Stress in der Vorweihnachtszeit. Wir mögen Unbeha-

gen empfinden gegenüber Kommerzialisierung und Verflachung des Inhalts, um den es an Weihnachten geht.

Und doch lässt sich die biblische Botschaft nicht zuschütten: Gott wird Mensch. Die Liebe Gottes kommt endgültig in dieser Welt an. Unsere Hoffnung bekommt eine feste Basis. In der Dunkelheit der Welt ist ein Licht entzündet.

Manchmal schauen wir auf das, was wir »Weihnachtsstimmung« nennen, fast ein wenig herab, weil es so diffus erscheint. Aber ich meine, dass es diese weihnachtliche Stimmung gar nicht gäbe, wenn sich der Inhalt von Weihnachten darin nicht immer wieder Bahn bräche: Auf den Weihnachtsmärkten stehen Menschen zusammen bei Glühwein oder Punsch, umgeben von Lichtern, die tief in der Seele ein Gefühl davon geben, dass es an Weihnachten im eigenen Leben mit all seinen Dunkelheiten hell wird. Die Weihnachtslieder, die aus den Lautsprechern erklingen, lassen etwas ahnen vom Gesang der Engel, der vom Frieden auf Erden kündet. Und sie klingen in unsere Herzen hinein, die sich danach sehnen, dass endlich Friede werde in einer Welt, in der so viel schreckliche Gewalt herrscht. In den Zeitungen und im Fernsehen werden Menschen in Not ins Zentrum gerückt, und Weihnachtsspendenaktionen erzielen Spitzenergebnisse. Menschen verstehen, ganz unabhängig vom Grad ihrer Glaubensentschiedenheit, sehr genau, dass es kein Weihnachten gibt, ohne an diejenigen besonders zu denken, die weniger gesegnet sind als wir selbst.

Es gibt das Wort vom »Weihnachtschristentum«, und in der Regel verbindet sich damit ein kritischer Unterton: die Klage, dass Menschen »nur« an Weihnachten in die Kirche gehen. Aber ich kann mich darüber freuen, dass sie an Weihnachten zur Kirche kommen und die gute Botschaft hören wollen! Denn jedes Christentum ist ja im Kern »Weihnachtschristentum«. Weil wir an Weihnachten feiern, dass Gott Mensch geworden ist und eine Liebe und Hoffnung in diese Welt gebracht hat, die uns nie mehr verlassen werden. Deswegen freue ich mich, dass an Weihnachten die Kirchen voll sind. Ich freue mich, dass so viele Menschen diese Botschaft hören und in ihre Seele hineinlassen wollen, die der Engel den Hirten auf dem Feld verkündigt:

> Fürchtet euch nicht! Siehe, ich verkündige euch große Freude, die allem Volk widerfahren wird; denn euch ist heute der Heiland geboren, welcher ist Christus, der Herr, in der Stadt Davids. Und das habt zum Zeichen: Ihr werdet finden das Kind in Windeln gewickelt und in einer Krippe liegen.
> LUKAS 2,10–12

Ich freue mich, dass so viele Menschen an Weihnachten die Botschaft hören, die die Menge der himmlischen

Heerscharen in unsere von Fanatismus, Krieg und Hass heimgesuchte Welt hineinrufen:

> Ehre sei Gott in der Höhe und Friede auf Erden bei
> den Menschen seines Wohlgefallens.
>
> LUKAS 2,14

Wir brauchen die Weihnachtsbotschaft, in dieser Zeit vielleicht dringender denn je. In Jesus, den wir den »Heiland der Welt« nennen, ist Gott in menschlicher Gestalt in die Welt gekommen. Das ist die größte Revolution, die es je gegeben hat. Religion ist immer wieder zuallererst verstanden worden als Bewegung von der Welt heraus aus der Welt. Mit dem lateinischen Wort »Transzendenz« verbinden wir das Herausgehen aus dieser Welt hin in eine andere, in eine göttliche Sphäre. Deswegen wird Gott in der Kunst auch so oft als einer dargestellt, der aus den Wolken oder irgendeinem anderen weit entfernten Ort heraus die Welt regiert.

Aber dass Gott mehr ist als die Welt, ist nur die halbe Wahrheit. Sie teilen wir mit vielen anderen Religionen. Das Faszinierende am Christentum ist, dass dieser große Gott das Unvorstellbare tut: Gott wird Mensch unter Menschen. Gott teilt die Not der Menschen und begibt sich hinein in die Abgründe der Welt. Gott setzt sich der Gewalt aus, die Menschen einander antun.

> Als aber erschien die Freundlichkeit und
> Menschenliebe Gottes, unseres Heilands, machte er
> uns selig.

Diese Worte aus dem Titusbrief sprechen genau das an, was das Geheimnis von Weihnachten ist: Jesus, in dem Gott Mensch wird, lebt mit uns Menschen, verkündigt das Reich Gottes und zeigt, wie es zeichenhaft sichtbar wird in dieser Welt: in den Durstigen, deren Durst gestillt wird, in den Hungrigen, denen zu essen gegeben wird, in den Nackten, die gekleidet werden, in den Kranken, die besucht werden, in den Gefangenen, die Beistand erfahren, in den Fremden, die aufgenommen werden.

Wegen Weihnachten gibt es keine Gottesbeziehung mehr ohne Beziehung zum Nächsten. Wegen Weihnachten können wir zu Gott nicht aus der Welt herausbeten, sondern wir können zu Gott nur in die Welt hineinbeten. Wegen Weihnachten konnte Dietrich Bonhoeffer sagen:

> Die Wirklichkeit Gottes erschließt sich nicht anders,
> als indem sie mich ganz in die Weltwirklichkeit
> hineinstellt, die Weltwirklichkeit aber finde ich immer
> schon getragen, angenommen, versöhnt in der
> Wirklichkeit Gottes vor. Das ist das Geheimnis der

Offenbarung Gottes in dem Menschen Jesus
Christus.[1]

Was hier in der Sprache der Theologie formuliert ist,
könnte aktueller nicht sein. Denn wir gehen auf eine
Zeit zu, die in vieler Hinsicht eine Bewährungsprobe
sein wird. Wir haben als Land in der zurückliegenden
Zeit Unglaubliches bewältigt: Die Not unzähliger Menschen auf der Flucht hat in so vielen Menschen bei uns
ungeahnte Kräfte geweckt. Sie haben sich anrühren
lassen vom Schicksal derer, die sich mit nichts mehr als
Rucksäcken und manchmal Plastiktüten auf den Weg
gemacht haben, um endlich ohne Angst vor Bomben
und Granaten leben zu können.

Für mich ist ein Foto vom Münchner Hauptbahnhof
zu einem sprechenden Bild geworden. Es zeigt einen
Polizisten, der einem gerade angekommenen kleinen
Jungen seine Polizeimütze aufsetzt. Beide strahlen um
die Wette. Eine Polizeiuniform, nicht Ausdruck einer
staatlichen Gewalt, die Terror verbreitet, wie der Junge
es in seinem Herkunftsland kennengelernt haben mag,
sondern sichtbarer Ausdruck von Humanität. Dass
staatliche Beamte so mit Menschen in Not umgehen, ist
wahrhaft weihnachtlich.

1 Dietrich Bonhoeffer, Ethik. Dietrich Bonhoeffer Werke, Band 6. Herausgege-
ben von Ilse Tödt, Heinz Eduard Tödt, Ernst Feil, Clifford Green, München
1992, 40.

Aber wir wissen auch, dass die Herausforderungen, die noch auf uns warten, groß sind. Niemand weiß genau, wie sich die Lage entwickeln wird. Viele der Faktoren, die dabei eine Rolle spielen, sind nur bedingt beeinflussbar.

Unabhängig von den politischen Diskussionen über Begrenzung oder Reduzierung der Zahl von Flüchtlingen werden wir viel investieren müssen an Geld und Zeit, um die Menschen, die schon hier sind, zu integrieren, und diejenigen, die noch kommen werden, weiter aufzunehmen. Und diejenigen, die schon länger hier leben und auch in sozialen Notlagen sind, dürfen dabei nicht den Kürzeren ziehen.

Woher wird die Kraft dafür kommen? Werden wir die Empathie anhaltend aufbringen können, ohne die auch das reichste Land und die bestfunktionierende Verwaltung letztlich nichts ausrichten können?

Weil diese Fragen so drängend sind, deswegen ist Weihnachten so wichtig. Weil Gott Mensch geworden ist, ist die Kraftquelle, aus der wir leben, und der Nächste, dem wir dienen, ein und dasselbe geworden. Der Gott, der uns das Leben gegeben hat, der Gott, der es uns jeden Tag erhält und uns begleitet in guten und in schweren Tagen, dieser Gott begegnet uns in unserem Bruder und unserer Schwester in Not. Eine stärkere und nachhaltigere Quelle mitmenschlicher Empathie kann es nicht geben.

Deswegen wünsche ich mir in Deutschland eine neue Glaubenskraft. Ich wünsche mir in Deutschland, dass mit neuer Inbrunst gebetet wird. Ich wünsche mir in Deutschland eine neue Dankbarkeit für den Reichtum und den Segen, den Gott uns jeden Tag schenkt. Die Worte aus dem Titusbrief machen deutlich, warum darin eine so große Verheißung steckt:

Als aber erschien die Freundlichkeit und Menschenliebe Gottes, unseres Heilands, machte er uns selig.

Wer würde das nicht wollen: selig sein? Lassen Sie uns die Kraft von Weihnachten neu entdecken!

Segen für das neue Jahr

Viel Glück!

Gott nahe zu sein, ist mein Glück.

PSALM 73,28

Es gibt wahrscheinlich kaum ein Wort, das so sehr die Sehnsucht der Menschen zum Ausdruck bringt wie der Begriff des Glücks. In den Buchhandlungen finden sich ganze Regale voll mit Büchern, die sich mit dem Glück beschäftigen. Glücksratgeber geben Anleitungen zum Glücklichsein. Die Glücksforschung boomt. Und die Bibel?

Von der Bibel erwarten die meisten Menschen vielleicht nicht, dass sie vom Glück spricht. Schon eher vom Leiden, von der Sünde, von den Geboten, von der Umkehr, von der moralischen Erneuerung. Aber vom Glück? Von diesem Wort, das einfach nur die Sehnsucht zum Ausdruck zu bringen scheint, dass wir endlich einmal diese ganzen Probleme vergessen können, die uns den Alltag so schwer machen?

»Gott nahe zu sein, ist mein Glück.« Dieser Satz aus Psalm 73 ist deswegen so kostbar, weil er diese Wahrnehmung durchbricht. Weil er sagt: Gott und Glück, das steht nicht in Spannung zueinander, sondern im

Gegenteil, das gehört untrennbar zusammen! Ein Rezeptbuch mit Ratschlägen zum Glücklichsein ist die Bibel nicht. Aber die Glücksratgeber, die man in der Buchhandlung kaufen kann, sind es in Wirklichkeit auch nicht!

Das Glück ist kein Kaugummiautomat, in den man oben Geld einwirft und dann, nach ein bisschen Drehen an der Schraube, unten das Gewünschte entnehmen kann. Glück lässt sich nicht erzwingen, es ist unverfügbar. Es gibt glückliche Menschen, die müssten eigentlich unglücklich sein, und es gibt solche, denen das Leben eigentlich alles geschenkt hat, trotzdem sind sie unglücklich.

Ob wir glücklich sind, hat offensichtlich sehr viel mit unserer Weltwahrnehmung zu tun. Es gibt ein Lied des Liedermachers Gerhard Schöne, in dem das sehr schön zum Ausdruck kommt. Das Lied heißt »Glück oder Unglück«[2] und geht so:

War ein Bäuerlein, hatte nur ein Pferd,
lief das Pferd davon und ist nicht heimgekehrt.
Kamen alle Nachbarn an, klagten laut, du armer Mann,
so ein Unglück, so ein Unglück, so ein Unglück nein.
Doch das Bäuerlein sprach leis: Obs ein Unglück ist,
wer weiß.
Morgen bin ich schlauer.

2 Gerhard Schöne, »Glück oder Unglück«, aus: CD »Die sieben Gaben«, Liederbuch »Ich muss singen«, BuschFunk 1994 © Gerhard Schöne.

Als das Pferd tags drauf durch das Hoftor schritt,
brachte es dem Bäuerlein noch ein Wildpferd mit.
Kamen alle Nachbarn an, freuten sich, du guter Mann,
so ein Glück hey, so ein Glück hey,
so ein Glück hey hey.
Doch das Bäuerlein sprach leis: Obs ein Glück ist,
nun wer weiß.
Morgen bin ich schlauer.

Und des Bauern Sohn ritt das Wildpferd ein,
stürzte von dem Pferd und brach sich ein Bein.
Kamen alle Nachbarn an, klagten laut, du armer Mann,
so ein Unglück, so ein Unglück, so ein Unglück nein.
Doch das Bäuerlein sprach leis: Obs ein Unglück ist,
wer weiß.
Morgen bin ich schlauer.

Als ein Krieg im Land ausbrach,
zog man die Burschen ein,
nur des Bauern Jungen nicht
mit dem gebrochnen Bein.
Kamen alle Nachbarn an, freuten sich, du guter Mann,
so ein Glück hey, so ein Glück hey,
so ein Glück hey hey.
Doch das Bäuerlein sprach leis: Obs ein Glück ist,
nun wer weiß.
Morgen bin ich schlauer.

Dein Verhängnis ist doch vielleicht dein Glück
und dein Hauptgewinn bricht dir das Genick.
Sei heut zufrieden, dass du lebst
und noch einen Finger hebst,
morgen oder übermorgen oder überübermorgen
kommt er doch der Tod.

Was ziemlich nüchtern mit dem Hinweis auf den Tod endet, enthält doch eine tiefe Weisheit: Welchen Sinn die Dinge haben, die uns widerfahren, verstehen wir manchmal erst im Rückblick wirklich. Deswegen lass dich einfach ein auf dein Leben! Nimm, was das Leben dir gibt, solange du es hast! Man kann das auch mit den Worten des Psalms 90 so sagen:

Lehre uns bedenken, dass wir sterben müssen, auf
dass wir klug werden!

Höre endlich auf, mit dem Schicksal zu hadern. Das Leben ist endlich. Lebe bewusst und nimm jeden Tag dankbar aus Gottes Hand, anstatt alles für selbstverständlich zu nehmen, bis du es nicht mehr hast und merkst, wie kostbar es gewesen ist.

Das ist Glück: dankbar leben lernen! Dankbar sein für die anderen. Warum eigentlich werden die schönsten Dinge über einen Menschen immer erst bei seiner Beerdigung gesagt? Ich nehme mir vor, das, was ich an den anderen Menschen liebe, ihnen jetzt schon zu sagen, solange sie unter uns sind.

Aber nicht nur für die anderen dürfen wir dankbar sein, sondern auch für uns selbst. Die Bibel gibt uns dafür besser Sprache, als jeder Glücksratgeber es könnte.

Ich danke dir, Gott, dass ich wunderbar gemacht bin!

Wer morgens diesen Vers aus Psalm 139 so sagen kann, wenn er mit zerknittertem Gesicht und etwas wirrem Haar vor dem Spiegel steht und wer das auch wirklich innerlich mitspricht, der geht anders in den Tag!

Der Glücksratgeber sagt vielleicht: Lerne dich anzunehmen! Das klingt auch gut. Und die Psychotherapeutin sagt vielleicht das Gleiche. Und sie hat recht! Aber: Wie macht man das: sich annehmen? Die Antwort auf diese Frage entdecke ich in den biblischen Worten des Psalmbeters: »Gott nahe zu sein, ist mein Glück.« Denn ich kann mir das nicht selbst sagen. Ich muss es gesagt bekommen. Ich muss es zugesprochen bekommen. Es muss in meine Seele einsickern. Dass ich Danke sagen soll, kann ich mir nicht einreden. Die Dankbarkeit muss Teil meiner selbst werden.

Und wie könnte es anders sein, als dass ich dankbar werde, wenn ich weiß, dass ich von Gott geschaffen bin, dass Gott mir mein Leben geschenkt hat, dass er es mir jeden Tag erhält, dass alles, was ich bin und habe, ein Geschenk Gottes ist.

Nein, ich bin kein *self made man!* Ich bin ein *God made man!* Und ich habe mich nicht selbst geboren, sondern meine Mutter hat mich geboren. Meine Fähigkeiten und Talente sind mir geschenkt worden, und auf meinem ganzen Lebensweg haben mich Menschen begleitet, die mir geholfen haben, meine Gaben zu entwickeln. Deswegen gehört das, was ich habe, auch nicht einfach mir, sondern was mir geschenkt ist, kann ich mit anderen teilen.

Wenn ich mich für einen *self made man* halte, halte ich das, was ich sauer verdient zu haben meine, zusammen und hüte meinen Besitz. Wenn ich weiß, dass ich ein *God made man* bin, dann werde ich innerlich frei zum Teilen. Und: ich bin ein glücklicher Mensch!

Tatsächlich sagen die Glücksforscher – jenseits aller religiösen Überzeugungen –, dass es zu den wichtigsten Glücksfaktoren gehört, dankbar leben zu lernen. Die Bibel hilft uns dazu:

Lobe den Herrn, meine Seele, und vergiss nicht,
was er dir Gutes getan hat!

Wer diese Worte aus Psalm 103 aus dem Herzen heraus zu sprechen lernt, der geht anders mit dem Leben um. Der weiß, was im Leben wirklich zählt.

Das Geld ist es jedenfalls nicht, jedenfalls ab einer bestimmten Grenze. Es ist erstaunlich, wie niedrig die Einkommensgrenze ist, oberhalb derer die Forscher keinen zusätzlichen Zufriedenheitsgewinn mehr messen können. Ein bekanntes Buch über diese Frage ist die Studie der beiden britischen Wissenschaftler Richard Wilkinson und Kate Pickett[3]; sie sprechen darin von 27.000 US-Dollar Jahreseinkommen pro Kopf. Andere Forscher benennen für Europa ein monatliches Nettoeinkommen von 2.000 Euro (E. Dahl in »Spektrum der Wissenschaft«, Mai 2008). Was die Forscher aber nachweisen können, ist, dass mehr Gleichheit glücklicher macht. Nicht die Höhe des materiellen Wohlstandsniveaus entscheidet über die Lebenszufriedenheit – sagen sie –, sondern wie gleich oder ungleich es verteilt ist. Alles, wovon man der Meinung sein könnte, es würde das Glück sozusagen frei Haus liefern – Reichtum, Schönheit, Macht, schnelle Autos und ein bequemes Leben in Luxus –, ist zwar angenehm, macht aber in sich nicht glücklich. Es tut daher weder uns als Einzelnen noch uns als Gesellschaft gut, wenn Knappheitsängste auf Kosten bestimmter Bevölkerungsgruppen oder von Menschen, die bei uns Zuflucht suchen, geschürt werden. Niemandem geht es gegenwärtig in Europa so gut wie den Deutschen. Wir haben

---

3 Richard Wilkinson/Kate Pickett, *The Spirit Level: Why More Equal Societies Almost Always Do Better,* London 2009. Deutsche Ausgabe: »Gleichheit ist Glück. Warum gerechte Gesellschaften für alle besser sind«, Berlin 2010.

keinen Grund, aus der Angst zu leben, dass uns etwas genommen wird.

Für andere da zu sein, den Nächsten zu lieben wie sich selbst, in heilen Beziehungen zu leben, den eigenen Neid hinter sich zu lassen, innerlich aus der Fülle zu leben anstatt aus der Knappheit, sich nicht jeden Tag Sorgen um das Morgen zu machen, sondern aus dem Vertrauen leben zu dürfen, sich heute und morgen gehalten zu wissen in Gottes guter Hand: Das macht glücklich!

Gott nahe zu sein, ist mein Glück!

Wenn mich dieser Satz in der Seele erreicht und ich ihn aus voller Gewissheit mitsprechen kann, dann darf ich aus der Fülle leben, dann weiß ich, dass ich nicht nur in den guten, sondern auch in den schlechten Zeiten festen Grund unter den Füßen habe: Weil Gott zu mir hält. Weil mich nichts von Gott trennen kann. Weil ich geborgen bin in seiner Hand in Zeit und Ewigkeit.

Das ist die Aussicht, mit der wir in ein neues Jahr gehen dürfen. Keiner weiß, was das vorausliegende Jahr uns bringen wird; es wird Gutes dabei sein und es wird Schweres dabei sein. Aber das dürfen wir sicher wissen: Gott wird seine segnende Hand über uns halten. Gott ist uns nahe. Gott wird uns auch dieses Jahr treu begleiten.

Zum Segen werden

Gott spricht: Ich will euch trösten, wie einen seine Mutter tröstet.
JESAJA 6,13

Wir wissen sofort, wovon in dem Satz aus dem Buch des Propheten Jesaja die Rede ist. Und zwar ganz unabhängig von unseren eigenen Muttererfahrungen; die können ja sehr unterschiedlich sein. Selbst wenn unsere Lebensgeschichte so verlaufen ist, dass wir den mütterlichen Trost vermisst haben, kennen wir vielleicht umso mehr die Sehnsucht nach diesem Trost. Die weihnachtlichen Krippendarstellungen zeigen Maria und Josef und das Jesuskind. Vermutlich spricht dieses Bild auch deswegen so viele Menschen an, weil es Geborgenheit vermittelt. Selbst der Heiland der Welt ist als verletzliches kleines Kind auf die bergenden Arme der Mutter angewiesen. Und was immer wir über verklärende Mutterbilder in den Mariendarstellungen sagen mögen, wir verstehen genau, wie wunderbar es ist, bergende und schützende Arme um sich zu spüren, seien es väterliche oder mütterliche.

Ich will euch trösten, wie einen seine Mutter tröstet.

Vielen von uns – das wage ich zu vermuten – kommen sofort Bilder in den Sinn, wenn wir diesen Satz hören: Bilder aus der Kindheit von Ängsten, die uns gelähmt haben, die uns vielleicht haben weinen lassen, die uns verzweifelt nach der Mutter haben rufen lassen. Und dann diese Erfahrung, diese wunderbare Erfahrung, dass das Rufen gehört wird. Dass die Mutter da ist. Oder auch der Vater, der ja genauso mütterlich sein kann wie die Mutter. Und das Gefühl, einfach geborgen zu sein. Zu spüren, wie die Angst vergeht.

Wir mögen durch unsichere und manchmal schwere Zeiten gehen; aber wir sind nicht allein, sondern gehalten und getragen – das ist das Gefühl, das das mütterliche Trostbild aus dem Buch des Propheten Jesaja ausstrahlt. Wie dringend wir das brauchen! Denn unsere Welt ist nicht bei Trost! Man kann schon verzweifeln, wenn man sich das Leid wirklich nahegehen lässt, mit dem wir gegenwärtig konfrontiert sind. Wenn man mit einem Gefühl der Ohnmacht vor sinnlosen Gewaltorgien steht, deren Brutalität jede Vorstellungskraft übersteigt. Und wenn man dann sieht, wie Menschen vor dieser Gewalt fliehen, ihr Leben riskieren, es vielleicht bis hierher nach Europa schaffen und dann hier auf eine Situation treffen, in der sich wegen der großen Zahlen Erschöpfung und Verzagtheit auszubreiten beginnt, in der manche die Ängste der Menschen missbrauchen und zu hetzen beginnen oder mit Worten oder sogar mit echtem Feuer Brände legen.

Was wird werden im vor uns liegenden Jahr? Wird sich unsere Gesellschaft auseinander entwickeln? Wird der soziale Friede in Gefahr geraten? Oder werden wir uns als Gesellschaft auf unsere Kräfte besinnen? Auf unsere großen finanziellen Kräfte in einer Zeit wirtschaftlicher Blüte, die gerade jetzt ein Riesensegen ist? Auf unsere sozialen Kräfte, die ja auch in den letzten Monaten in einer Weise sichtbar geworden sind, wie es niemand zu hoffen gewagt hätte?

Nach den Anschlägen im November 2015 in Paris beschloss die Bundesregierung, sich in Syrien indirekt am militärischen Kampf gegen die Terrororganisation »Islamischer Staat« zu beteiligen. Leisten wir damit einen Beitrag, dass die Mörderbanden, die eine ganze Region terrorisieren, endlich gestoppt werden? Oder gebiert der Einsatz militärischer Gewalt von außen nur neue Gewalt und die behindert die zivilen Konfliktlösungsmittel, die einzig wirklich Frieden schaffen?

Viele derjenigen, die über den deutschen Militäreinsatz zu entscheiden hatten, haben sich, das weiß ich, ihre Entscheidung sehr schwer gemacht. Kriegsbegeisterung war bei keinem Einzigen zu spüren. Und das Bewusstsein, mit diesem Schritt möglicherweise nicht Leben zu schützen, sondern zusätzlich Leben aufs Spiel zu setzen und damit Schuld auf sich zu laden, war auch deutlich zu spüren.

Und tatsächlich ist die Verantwortung groß. Ich bete darum, dass die Kräfte des Friedens und der Versöhnung die Oberhand behalten werden. Ich bete darum, dass die Kriegslogik nicht zur Normalität wird und wir uns daran gewöhnen. Ich bete darum, dass die Menschen, die jetzt fliehen müssen, irgendwann in ihre Heimat zurückkehren können.

Manchmal wünsche ich mir, dass Gott einfach direkt eingreift, allen Gewalttätern die Waffen aus der Hand schlägt und auf direktem Wege Frieden schafft.

Aber können wir Gott die Verantwortung für die Gewalt zuschieben, die wir als Menschen einander antun? Wollen wir wirklich einen Gott, der uns wie Puppen an Fäden führt? Der das Weltgeschehen so lenkt, als ob er ein Theaterstück aufführt? Wie könnten wir, die wir doch zum Bilde Gottes geschaffen sind, am Ende nichts anderes sein als solche Marionetten?

Nein, Gott ist kein Marionettenspieler. Er hat uns, die wir zu seinem Bilde geschaffen sind, die Freiheit gegeben, das Gute oder das Böse zu tun. Und er tritt leidenschaftlich dafür ein, dass wir das Gute tun und das Böse überwinden. Er wirbt um uns, nicht durch Drohung und Gewalt, sondern durch Fürsorge und liebende Nähe. Ja, und auch durch Trost und Beistand.

Ich will euch trösten, wie einen seine Mutter tröstet.

Gott, der so spricht, ist kein alter Mann mit weißen Haaren, der auf seinem Thron sitzt und die Welt regiert. Sondern ein Gott, der die Verletzlichkeit der Menschen kennt, der ihre Ohnmacht kennt, ja am Kreuz selbst erfahren hat und der nicht zur Liebe zwingt – wie könnte er das? –, sondern Liebe ausstrahlt und sie durch seinen Geist in die Herzen der Menschen eingießt. Es ist ein Gott, der um uns Menschen wirbt und uns ein neues Herz und einen neuen Geist geben will.

Gott ist nicht irgendeine abstrakte Größe, nicht irgendeine kosmische Kraft, kein Weltprinzip, sondern ein sehr persönlicher Gott. Einer, der Mensch geworden ist, geboren in einer Obdachlosenunterkunft, einer, der als Erwachsener durchs Land gezogen ist und den Menschen vom Reich Gottes und seiner Liebe erzählt hat. Einer, der diese Liebe selbst in einzigartiger Weise ausgestrahlt hat, Menschen Heilung hat erfahren lassen, am Ende der Gewalt der Menschen zum Opfer gefallen ist und gekreuzigt wurde. Und dann auferstanden ist und gezeigt hat, dass der Tod am Ende nicht das letzte Wort hat. Das ist der Gott, an den wir Christen glauben! Das ist der Gott, der sagt:

Ich will euch trösten, wie einen seine Mutter tröstet.

Diesem Gott können wir unser Leben anvertrauen. Stellen wir uns für einen Augenblick vor, wir würden das in unserem Land wirklich tun: mit diesem Gott ins kommende Jahr gehen!

Wir würden unsere Furcht überwinden. Wir würden das ernst nehmen, was wir aus dem Munde der Engel an Weihnachten gesagt bekommen haben: »Fürchtet euch nicht!« Wir würden den Terroristen diesen Triumph nicht gönnen, dass sie uns Angst einjagen. Und wir würden weiter unsere Feste feiern und in die Fußballstadien gehen und uns am Leben freuen, wohl wissend, dass das Leben endlich ist und Risiken birgt, aber wir wären uns genauso gewiss, dass unser Gott uns behütet und begleitet im Leben und im Sterben und uns nichts trennen kann von seiner Liebe.

Wir würden mit nüchternem Blick auf die Probleme schauen, die mit der Integration vieler Menschen verbunden sind, die als Flüchtlinge hierherkommen, aber wir würden uns davon nicht einschüchtern lassen, sondern voll Empathie anpacken.

Wir würden mit einem wachen Blick auf die Menschen schauen, die schon lange hier leben, aber auch soziale Not erfahren. Wir würden uns zu ihren Anwälten machen und damit sichtbar machen, dass Gerechtigkeit ein Volk erhöht.

Wir würden überall im Land – und immer wieder – dankbar Gottesdienste miteinander feiern, uns durch Musik das Herz öffnen lassen, im Gebet alles, was uns beschwert und freut, vor Gott von der Seele reden. Wir würden uns von den biblischen Texten Orientierung geben lassen, in der Gemeinschaft mit Gott und miteinander Kraft schöpfen und am Ende mit dieser Kraft im Herzen und einem Segen im Rücken in den Alltag gehen. Wir würden einander vergeben lernen, weil wir wüssten, wie sehr wir selbst auf Vergebung angewiesen sind. Und wir würden endlich dankbar leben können, weil wir wissen, dass jeder Tag ein Geschenk aus Gottes Hand ist und wie kostbar er ist.

Wir würden unser Leben auf Glaube, Hoffnung und Liebe gründen und das niemandem verheimlichen. Wir würden allen sagen und es mit unserer eigenen Existenz ausstrahlen, wie wunderbar es ist, aus dieser Kraft leben zu dürfen.

So wäre das, wenn wir alle mit Gott ins kommende Jahr gehen würden! Wenn wir nicht immer nur vom »christlichen Abendland« reden würden, sondern dieses große Wort »christlich« wirklich zur Basis unseres Lebens werden ließen.

Warum tun wir es nicht einfach?

Ich wünsche mir, dass wir unsere Zweifel hinter uns lassen und es mit Gott versuchen. Ich wünsche mir, dass ich Gott zu meinem täglichen Begleiter mache.

In dem biblischen Text aus dem Buch Jesaja spricht der Prophet über Jerusalem. Was er sagt, hören wir als Verheißung für die ganze Welt. Es ist die Melodie, mit der ich in das vorausliegende Jahr gehen möchte und die mich durch dieses ganze Jahr begleiten soll:

Freuet euch mit Jerusalem und seid fröhlich über die Stadt, alle, die ihr sie lieb habt! Freuet euch mit ihr, alle, die ihr über sie traurig gewesen seid. Denn nun dürft ihr saugen und euch satt trinken an den Brüsten ihres Trostes; denn nun dürft ihr reichlich trinken und euch erfreuen an dem Reichtum ihrer Mutterbrust. Denn so spricht der HERR: Siehe, ich breite aus bei ihr den Frieden wie einen Strom und den Reichtum der Völker wie einen überströmenden Bach. Ihre Kinder sollen auf dem Arme getragen werden, und auf den Knien wird man sie liebkosen. Ich will euch trösten, wie einen seine Mutter tröstet.

Wer getröstet wird, kann selber trösten. Wer genährt wird, kann selber nähren. Wer Segen erfährt, kann selber zum Segen werden.

Wegweiser

Nehmt einander an, wie Christus euch
angenommen hat zu Gottes Lob.
RÖMER 15,7

Möglicherweise sind es ganz gemischte Gefühle, mit
denen wir in das kommende Jahr gehen. Die einen sind
voller Tatendrang und freuen sich auf das, was die Zukunft bringen wird. Vielleicht sind schon jetzt besonders schöne Ereignisse absehbar: der Eintritt in den
heiß ersehnten Ruhestand, der Abschluss der Schule
oder eines Studiums, ein runder Geburtstag, der Anlass
bietet, sich einmal richtig feiern zu lassen. Oder sogar
eine Hochzeit, die bevorsteht; die Geburt eines Kindes,
das sich ankündigt.

Andere schauen eher mit Bangen auf das kommende
Jahr; vielleicht sogar mit Blick auf die gleichen Ereignisse. Weil der Abschluss der Schule oder des Studiums
eben kein Anlass zur Vorfreude ist, sondern angesichts
der damit verbundenen Prüfungen Unsicherheit oder
gar Panik verursacht. Vielleicht auch die bange Frage
aufwirft, was eigentlich danach kommt. Oder weil der
runde Geburtstag höchst ambivalente Gefühle weckt.

Weil das Älterwerden Angst macht. Weil Träume zerstoben sind.

Viele von uns nehmen Anteil an den Ereignissen in der Welt – etwa indem wir uns in Politik und Gesellschaft engagieren. Aber – das wage ich zu behaupten – am Ende sind beim Blick auf das vorausliegende Jahr das Wichtigste unsere persönlichen Beziehungen. Alles, was wir für die Welt tun, hängt davon ab, ob wir in unseren eigenen Beziehungen eine feste Basis haben. Wie könnten wir für Frieden und Gerechtigkeit in der Welt eintreten, wenn man in unseren eigenen Beziehungen davon nichts spürt? Wie könnten wir uns für Kinder anderswo auf der Welt einsetzen, wenn wir unsere eigenen Kinder vernachlässigen?

> Nehmt einander an, wie Christus euch angenommen
> hat zu Gottes Lob.

Man muss nicht Psychologie studiert haben, um zu wissen, wie sehr dieses Wort von Paulus das Zentrum unserer Wirklichkeit trifft. Sich angenommen zu fühlen, sich selbst annehmen zu können, ist die Quelle für gelingende soziale Beziehungen. Das Wort des Paulus ist nicht nur theologisch zentral; es ist auch ein sehr weises Wort. Denn sich bedingungslos angenommen zu fühlen gehört zu den schönsten Dingen, die Menschen erfahren können.

Warum sind Hochzeiten etwas so Besonderes? Warum werden sie mit einem solchen Aufwand gefeiert, manchmal mit romantischen Hollywood-Elementen fast schon überfrachtet, bis die Fantasie von einer Traumhochzeit den Anspruch so hochrückt, dass man ihn kaum noch erfüllen kann? Warum fließen bei Hochzeiten Tränen? Ich meine, es liegt an unserer Sehnsucht nach Annahme. Daran, dass wir dieses bedingungslose Ja, das Braut und Bräutigam einander zusprechen, für unser eigenes Leben ersehnen – auch jenseits von Trauzeremonien und romantischer Liebe.

Denn oft erleben wir das Gegenteil von bedingungsloser Annahme. Und sie fällt uns selbst so schwer. Ich habe ein bestimmtes Bild vom anderen, wie ich ihn mir wünsche, wie ich ihn haben will. Und ich bin enttäuscht, wenn er nicht so ist, und versuche vielleicht immer wieder, ihn so zu verändern, dass er in mein Wunschbild passt. Manchmal scheitern Ehen daran, dass wir den anderen nicht so annehmen können, wie er ist.

Auch im Verhältnis zu unseren Kindern steht uns die Unfähigkeit, den anderen anzunehmen, im Wege. Vielleicht habe ich ein festes Bild davon, wie meine Kinder sein sollen. Eine bestimmte Schule, die sie besuchen sollen, ein bestimmter Notendurchschnitt, den ich erwarte, ein bestimmtes Maß an Ehrgeiz, das sie entwickeln sollen. Und Kinder spüren die Botschaft: Du bist nicht so, wie ich es mir vorgestellt habe – und sind entmutigt, fühlen sich unzureichend, können sich selbst nicht annehmen.

Nehmt einander an, wie Christus euch angenommen hat zu Gottes Lob.

Da ist es ein schwergewichtiger Satz, ein lebensentscheidender Satz, den Paulus schreibt. Man muss es sich nur einmal vor Augen malen, wie es wäre, wenn wir so miteinander umgingen. Wenn ich nicht mehr am anderen herumkrittele, sondern ihn so nehme, wie er ist. Wenn ich seine Andersartigkeit, seine Ecken und Kanten nicht nur hinnehme, sondern annehme, vielleicht sogar lieben lerne. Wenn ich seine Verletzlichkeit sehe und an seiner Seite stehe.

Wenn ein Mensch weint, haben die meisten von uns das spontane Bedürfnis, ihm beizustehen, ihn zu trösten. Aber vielleicht kann ich ihm ja schon beistehen, bevor er in Tränen ausbricht. Vielleicht kann ich ja die Sinne offenhalten und spüren, wenn ein anderer innerlich weint – und da sein, ihn annehmen, ihn stärken.

Anderen so zu begegnen bekommt in dem, worauf Paulus verweist, einen tiefen und festen Grund. Wenn ich einen anderen annehme, dann tue ich das, was ich selbst erfahren habe: Christus hat mich angenommen, und zwar unabhängig davon, ob ich dessen würdig bin. Ich muss es mir nicht verdienen. Weil Christus es für mich verdient hat, am Kreuz. Weil wir Christen heute in der Gegenwart unseres Herrn das erfahren dürfen, was die Menschen zu Lebzeiten Jesu auch haben erfahren dürfen.

Warum hatte Jesus eine solche Ausstrahlung auf die Menschen damals, warum hat der auferstandene Christus für uns heute eine solche Kraft? Der Grund ist, dass wir uns heute genauso wie die Menschen damals in den Tiefen unserer Seele von ihm angenommen wissen dürfen und es auch spüren. Viele biblische Geschichten erzählen davon, wie Jesus die Menschen erreicht und verändert hat, weil sie seine unendliche Liebe gespürt haben, weil sie sich mit Haut und Haar angenommen gefühlt haben.

Eine Gruppe Männer wollen eine Ehebrecherin steinigen (Johannes 7,53–8,11). Jesus sagt: Wer unter euch ohne Sünde ist, werfe den ersten Stein. Die Männer werden still und gehen davon. Die Frau hört Jesus sagen »Geh hin und sündige hinfort nicht mehr«, und versteht. Ein Aussätziger wird von Jesus geheilt. Er fällt nieder auf sein Angesicht zu Jesu Füßen und dankt ihm. Weil Jesus die Grenze überwunden hat, die ihn von seinen Mitmenschen trennte (Lukas 17,11–19). Und der Verbrecher, der am Kreuz neben Jesus hängt, sagt zu Jesus: »Gedenke an mich, wenn du in dein Reich kommst.« Und Jesus sagt: »Heute wirst du mit mir im Paradies sein« (Lukas 23,39–43).

> Nehmt einander an, wie Christus euch angenommen
> hat zu Gottes Lob.

Ihr habt das doch selbst erfahren dürfen – sagt Paulus –, dieses wunderbare Gefühl, dass ihr einfach sein dürft, dass ihr aus der Fülle leben dürft, weil ihr bedingungslos geliebt seid. Strahlt es nun einfach selbst aus! Nehmt die anderen an, so wie Christus euch angenommen hat! Seid darin Salz der Erde und Licht der Welt!

Durch unser ganzes Land ist eine Welle der Hilfsbereitschaft für Flüchtlinge gegangen, die hier ankommen. Ich sehe an vielen Orten, dass Menschen die Weisung des Paulus verinnerlicht haben: »Nehmt einander an, wie Christus euch angenommen hat!« Das heißt: Hört auf mit der Ausgrenzung – und lasst alle an der Gesellschaft teilhaben! Hört auf mit der Spaltung – und sucht nach Orten der Begegnung, wo Menschen einander kennenlernen können! Hört auf mit der Abwertung anderer – und behandelt sie schlicht und einfach wie Menschen, die Wertschätzung verdienen wie du und ich! Öffnet euch für die Schwachen – sie haben das gleiche Recht zu leben wie ihr! Gebt ihnen ihre Würde zurück – anstatt diese Würde mit dumpfen Sprüchen zu untergraben! Nehmt einander an – wie Christus euch angenommen hat!

Viele Menschen, die ehrenamtlich ihre Zeit, Kraft und Fantasie zur Verfügung stellen, tun genau das: der pensionierte KFZ-Meister, der in einem Projekt seiner

Kirchengemeinde mit jungen Flüchtlingen zusammen alte Fahrräder repariert, die dann an die Asylbewerberfamilien weitergegeben werden können. Die alleinstehende Mittvierzigerin, die sich zweimal in der Woche von Zweitklässlern, die Schwierigkeiten in der Schule haben, in der Gemeindebücherei aus Kinderbüchern vorlesen lässt. Die junge Mutter, die vor ihrem Wochenendeinkauf immer den Einkaufszettel der 90-jährigen Nachbarin mitnimmt und für sie besorgt, was sie braucht – und die dazu nur sagt: »Ich bin so dankbar für das, was ich habe, dass ich gerne wenigstens ein bisschen davon weitergebe!«

> Nehmt einander an, wie auch Christus euch angenommen hat zu Gottes Lob!

Die Weisung des Paulus ist für mich nicht irgendein moralischer Ratschlag, sondern Wegweiser für ein erfülltes Leben im Einklang mit Gott, im Einklang mit den anderen Menschen und im Einklang mit mir selbst. Gerade weil ich selbst immer wieder daran scheitere, ist mir diese Quelle für ein erfülltes Leben so wichtig. Die Quelle ist Christus selbst. Nicht unsere eigenen kommunikativen Fähigkeiten, nicht ein Trainingsprogramm mit zehn Schritten zu einem glücklichen Leben und auch nicht irgendeine psychologische oder spirituelle Selbstoptimierungsmethode, sondern Christus selbst. Der bei uns ist im Leben und im Sterben. In dem die Liebe ihre Kraft entfaltet. Von dem uns nichts trennen kann.

Mein Vorschlag: Stellen Sie sich den Satz des Paulus auf den Schreibtisch oder legen Sie ihn sich neben Ihr Bett, sodass Sie immer wieder darauf schauen können! Es ist ein Satz, der uns in das vorausliegende Jahr und lange darüber hinaus begleiten kann:

Nehmt einander an, wie auch Christus euch angenommen hat zu Gottes Lob!

Gottes Kraft

Jesus Christus spricht: Meine Kraft ist in den
Schwachen mächtig.
2 KORINTHER 12,9

Mancher dürfte gereizt auf diesen Satz reagieren, den
uns Paulus als Wort des Herrn überliefert. Mancher hat
den Eindruck, dass in der Kirche immer nur von den
Schwachen die Rede sei, und ist vielleicht davon ge-
nervt. Und wenn er oder sie sich selbst nicht zu den
Schwachen zählt, mag die Frage aufkommen: Wo
komme *ich* eigentlich vor? Ist Gottes Kraft bei mir nicht
am Wirken? Muss ich vielleicht erst selbst schwach werden, damit Gott auch für mich da ist? Muss es mir erst
richtig dreckig gehen, bevor Gott sich für mich interes-
siert? Das wäre zynisch, und es hieße, aus der Kraft
Gottes, die in den Schwachen mächtig ist, einen »Kult
der Schwäche« zu machen.

Es wäre schlimm, wenn wir den christlichen Glauben zu etwas machen würden, in dem glückliche Menschen, die sich ihres Lebens freuen, die mit großen Gaben gesegnet sind und sie auch zu nutzen wissen,
keinen wirklichen Ort haben! Wir dürfen von Herzen

dankbar sein für alle solche Erfahrung des Glücks und des eigenen Gesegnetseins mit natürlichen und auch mit materiellen Gaben. Nur wo solche Gaben da sind, können sie auch zum Segen für andere werden.

Hier setzen die Fragen an, die der Glaube mir stellt: Werden meine Gaben zum Segen für andere, weil ich genau weiß, wie sehr sie eben Geschenk sind? Oder betrachte ich sie als meinen Besitz, den ich meiner eigenen Leistung zuschreibe, auf den ich deswegen vielleicht besonders stolz bin und den ich gegenüber dem Zugriff anderer zu verteidigen suche?

Für mich hat die politische Vokabel von den »Leistungsträgern« einen solchen Beigeschmack. Ich mag dieses Wort nicht, weil es den Beiklang der Abwehr sozialer Verantwortung hat. Wer sich selbst als Leistungsträger sieht, entwertet oft genug die Existenz anderer. Und das zuweilen selbst da, wo die anderen mindestens genauso viel Leistung bringen wie derjenige, der sich selbst für den Leistungsträger hält. Die Höhe des Einkommens ist ganz bestimmt nicht das Kriterium. Die alleinerziehende Krankenschwester auf der Krebsstation, die im Schichtdienst tätig ist, sich um sterbende Menschen kümmert, vielleicht gleichzeitig ihre Seelsorgerin ist, die dann nach Feierabend eine gute Mutter zu sein versucht, mit ihrem niedrigen Einkommen jeden Euro dreimal umdreht, die ist normalerweise nicht gemeint, wenn von den »Leistungsträgern«

die Rede ist. Und doch leistet sie manchmal fast Über-
menschliches.

Ich mag die Rede von den »Leistungsträgern« nicht,
weil sie in der Regel darüber hinweggeht und weil sie
die Menschen in Kategorien einteilt: in solche, die viel
leisten, und andere, die wenig oder gar nichts leisten.
Gegenüber solchen Einteilungen hat der Zuruf eine
heilsame Wirkung:

Gottes Kraft ist in den Schwachen mächtig.

Hör auf, dich über deine eigene Leistung zu definieren!
Hör auf, andere nach ihrer Leistung zu beurteilen! Gott
schaut nicht auf das, was du leistest, auf das, was du
gesellschaftlich darstellst, auf die Höhe deines Bank-
kontos und noch nicht mal darauf, ob du dich häufiger
anständig als unanständig verhalten hast. Nein: Gottes
Kraft ist in den Schwachen mächtig! Wenn ich diesen
Satz in meine Seele hereinlasse, spüre ich, wie unend-
lich gut er mir tut. Denn ich weiß dann: Gott ist bei
mir, egal ob die Tage gut sind oder ob sie schwer sind,
ob ich obenauf bin oder ob ich wandere im finstern Tal.
Christus spricht: »Meine Kraft ist in den Schwachen
mächtig« – was kann mir da noch passieren?

Die Schwachen sind jedenfalls ganz bestimmt nicht
nur die anderen, diejenigen, die in der Gesellschaft die
Verlierer sind, die Armen und Ausgegrenzten, die Obdachlosen. Die Schwachen: Das sind auch wir selbst,

denen es vielleicht besser geht. Denn – das wage ich einmal zu behaupten – wir kennen dieses Gefühl der Schwachheit alle. Wenn einer, der zu unseren Liebsten gehört, krank wird und wir können nichts machen und wir machen uns solche Sorgen! Und wenn wir ihn dann vielleicht verlieren und so fürchterlich vermissen. Wenn durch Streit, durch Trennung, durch Tod oder durch Pech im Beruf alles wegbricht, der Lebensplan passé ist und wir einfach mit leeren Händen dastehen, mit allem Latein am Ende. Dann beginnen wir zu verstehen, welch erlösender Satz das ist, den Christus uns zuspricht:

Meine Kraft ist in den Schwachen mächtig.

Der Herr spricht zu jedem von uns: Du bist ganz unten – aber ich bin da. Meine Kraft reicht bis in die tiefsten Tiefen. Und sie trägt dich. Darauf kannst du dich verlassen. Wer das versteht, sieht die Welt mit neuen Augen: Meinen Selbstwert, mein ganzes Selbstverständnis auf meine eigenen Leistung zu bauen, hieße, mein Haus auf Sand zu bauen. All meine Errungenschaften nützen mir am Ende nichts. Aber auf die Kraft, die in den Schwachen mächtig ist, auf die kann ich wirklich bauen. Sie ist wie ein Fels, der in keiner Situation meines Lebens wegbricht. Sie macht mich frei. Sie macht mich froh und öffnet mein Herz für die anderen.

Ja, sie öffnet auch den Geldbeutel, weil ich weiß, dass alles, was ich bin und habe, am Ende Geschenk ist

> Meine Kraft ist in den Schwachen mächtig.

Dieser Satz ist nicht nur ein großer Trostsatz, der meinem Leben Boden unter den Füßen gibt. Es ist auch ein Satz, der denen Mut zuspricht, die aus der Vision des Reiches Gottes leben, aber so gar nichts davon im Hier und Jetzt sehen und spüren können. Er spricht denen Mut zu, die sich für eine bessere Welt einsetzen, für Gerechtigkeit, für Frieden und für die Bewahrung der Natur und die sich oft genug angesichts der Verhältnisse so schwach fühlen. »Meine Kraft ist in den Schwachen mächtig« heißt dann auch: Du brauchst in deinem Engagement für eine bessere Welt den Mut nicht zu verlieren. Manchmal wird aus ganz Kleinem ganz Großes. Vertraue darauf, dass meine Kraft wirkt, auch dann, wenn sie so schwach scheint!

Aus dem, was klein und schwach ist, kann ganz Großes und Wegweisendes entstehen. Das beste Beispiel dafür ist das Reich Gottes selbst. Jesus hat für den kleinen Anfang und die große Wirkung ein wunderbares Bild gefunden:

> Das Himmelreich gleicht einem Senfkorn, das ein
> Mensch nahm und auf seinen Acker säte; das ist das
> kleinste unter allen Samenkörnern, wenn es aber

gewachsen ist, so ist es größer als alle Kräuter und wird ein Baum, sodass die Vögel unter dem Himmel kommen und wohnen in seinen Zweigen.

MATTHÄUS 13,31–32

Aus einem klitzekleinen Samenkorn, dem Senfkorn, wird ein riesiger Baum: Das ist ein erstaunliches Gleichnis und ein sehr ermutigendes dazu; denn es zeigt, wie aus dem kleinsten und bescheidensten Anfang etwas Großes entstehen kann. Man muss sich nur einmal die Geschichte der Ausbreitung des christlichen Glaubens vor Augen führen. Was als kleine jüdische Sekte begann, ist zu einer der wirkmächtigsten Bewegungen der Weltgeschichte geworden. Selbst die Hirten, die in der Heiligen Nacht die Botschaft des Engels von der Geburt Jesu hörten und dann das kleine Kind in der Krippe sahen, hätten sich in all ihrem Staunen wohl nie ausmalen können, dass rund zweitausend Jahre später Menschen in aller Welt in Massen in Kirchen strömen würden, um die Geburt dieses Kindes zu feiern. Und sie hätten sich wahrscheinlich auch nicht vorstellen können, wie die Geschichte von dem Kind in der Krippe und die ganze Botschaft, die mit ihm verbunden ist, Menschen so prägen würde, dass sie die Welt verändern. Menschen wie Martin Luther King zum Beispiel, der aus der Kraft des christlichen Glaubens für die Überwindung der Rassentrennung in den Vereinigten Staaten eingetreten ist und der selbst in der größten Unrechtserfahrung dem Aufruf Jesu zur Gewaltlosigkeit treu geblieben ist. Er hat die Welt verändert. Die Rassentrennung in den Vereinigten Staaten wurde überwunden und knapp fünfzig Jahre später wurde der erste Schwarze zum Präsidenten der Vereinigten Staaten gewählt. Die Kraft der Schwachen, die die Welt verändert: Ich denke auch an die Menschen in den Kirchen der DDR. Auf den ökumenischen Versammlungen in Erfurt und Dresden Ende der 1980er-Jahre sind sie für Gerechtigkeit, Frieden und die Bewahrung der Schöpfung eingetreten und haben den Einschüchterungsversuchen der Staatsmacht widerstanden. Ein Jahr später fiel die Mauer, und heute müssen die Kinder im Geschichtsunterricht erst einmal beigebracht bekommen, dass dieses Land früher geteilt war.

Auf ein anderes Beispiel will ich näher eingehen, weil es mir besonders am Herzen liegt. Es geht um unser Verhältnis zur Natur: Wir sind noch weit entfernt von dem ökologischen Umbau unserer Wirtschaft, der eigentlich nötig wäre. Gleichzeitig hat es in den letzten Jahrzehnten gerade in dieser Frage eine Revolution im Bewusstsein gegeben, die ihresgleichen sucht. Noch in meiner Studienzeit waren es meist langhaarige junge Leute, die auf die ökologischen Probleme hinwiesen. Sie hatten kein besonders gutes Image in der Gesellschaft; oft wurden sie belächelt. Und was ist nun daraus geworden! Heute kann es sich keine Partei und

auch kein Industriezweig mehr leisten, Fragen der Öko-
logie zu ignorieren: Große Unternehmen setzen teure
ganzseitige Anzeigen in die Zeitung, in denen sie mit
ökologischer Nachhaltigkeit als Unternehmensziel wer-
ben. Viele neue Arbeitszweige sind entstanden, die sich
neuen, ökologisch sauberen Methoden verschrieben haben. Viele Flüsse sind inzwischen wieder so sauber,
dass in ihnen gebadet werden kann und, was noch viel
wichtiger ist, Pflanzen und Tiere zurückgekommen
sind. Mülltrennung ist bei uns fast überall Standard.
Die Kinder lernen sie schon im Kindergarten, und wenn
die Mama sich nicht daran hält, muss sie sich zurecht-
weisende Worte der Kleinen gefallen lassen.

Es gibt viel zu tun, noch sind massive Widerstände
zu überwinden. Aber das in den vergangenen Jahren
bei uns entstandene Wissen und Können ist eine Rie-
senressource. Was wir heute brauchen, ist ein neues
ökologisches Wirtschaftswunder. Unsere Ingenieure
zählen zu den besten der Welt. Wir haben kreative Un-
ternehmerinnen und Unternehmer und Beschäftigte,
die zuverlässig und kompetent arbeiten. Und wir sind
mit einem Wohlstand gesegnet, der beherzte Zukunfts-
investitionen ermöglicht. Ich bin überzeugt: Wir können in Deutschland anderen in der Welt zeigen, dass es
geht, als Land gut zu leben, ohne die Umwelt zu zerstö-
ren. Immer nur auf Wettbewerbsnachteile aufgrund hoher Umweltstandards hinzuweisen ist kleingläubig. Ein
neues ökologisches Wirtschaftswunder wäre ein Zu-

kunftsprojekt, für das sich das Engagement wirklich lohnen würde. Und die Kirchen haben allen Grund dazu, dabei in der ersten Reihe zu stehen. Vielleicht zeigt sich ja auch im Hinblick auf die Herkulesaufgabe, eine gerechte und gleichzeitig zukunftsverträgliche Wirtschaft zu entwickeln: Gottes Kraft ist in den Schwachen mächtig.

> Meine Kraft ist in den Schwachen mächtig.

Wir können uns auf den verlassen, in dessen Hand wir geborgen sind. Daher sind wir in der Lage, über die eigenen Schwächen, Fehler und auch über Erfahrungen des Scheiterns hinaus weiter zu sehen. Wir dürfen in all unserem Wirken und unserem Einsatz für unsere Welt darauf vertrauen, dass Gott unsere begrenzte Kraft gut wirken lässt.

Denk daran, so höre ich Paulus sagen, denk daran, wenn dir die Kraft ausgeht oder wenn du angesichts des Leids in der Welt den Mut verlierst. Nimm dir jeden Tag einen Moment, in dem du deine Seele öffnest für die Kraft, die von Gott ausgeht und in dein Leben hineinstrahlt: »Christus spricht: Meine Kraft ist in den Schwachen mächtig.« Weil ich darauf fest vertraue, gehe ich mit großer Zuversicht in das vorausliegende Jahr.

Heimat

Wir haben hier keine bleibende Stadt, sondern die zukünftige suchen wir.
HEBRÄER 13,14

Es gibt Momente, die man einfach festhalten möchte. Das prickelnde Gefühl einer neuen Liebe und das grenzenlose Glück, wenn sie erwidert wird. Eine überwältigende Naturerfahrung, die ein tiefes Gefühl der Einheit mit sich und dem Kosmos gibt. Eine Musik, die uns tief in der Seele berührt und einige Augenblicke lang das Gefühl gibt, dass alle Widersprüche des Lebens überwunden sind. In diesen Momenten möchte man die Zeit anhalten.

Ich weiß nicht, wie es Ihnen in diesem Jahr zur Jahreswende ergeht. Ob Sie froh sind, dass endlich ein neues Jahr mit neuen Chancen beginnt oder ob Sie das alte Jahr am liebsten festgehalten hätten. Sicher ist: Das alte Jahr vergeht unwiderruflich und das neue nimmt seinen Anfang. »Wir haben hier keine bleibende Stadt, sondern die zukünftige suchen wir.«

Dieser biblische Satz aus dem Hebräerbrief weckt vermutlich ganz unterschiedliche Gefühle. Wer es schwer hat mit dem Leben, in dem er jetzt lebt, sehnt sich nach Veränderung. Sehnt sich danach, dass die Dinge endlich anders werden, hofft darauf, dass die Zukunft etwas Besseres bringt. Und dem spricht der Hebräerbrief vielleicht spontan aus der Seele:

> Wir haben hier keine bleibende Stadt,
> sondern die zukünftige suchen wir.

Ein solcher Satz klingt dann wie ein Seufzer, der nach Linderung ruft, aber auch wie eine Art Lebenselixier, weil die Aussicht auf eine andere, eine bessere Zukunft das jetzige Leben erträglicher macht.

Wer allerdings mit seinem Leben zufrieden ist, wer vielleicht sogar von sich sagen kann: »Ich bin glücklich! So, wie es ist, ist es gut!«, der mag das durchaus anders empfinden. Der sucht vielleicht überhaupt keine zukünftige Stadt, sondern hofft, dass alles so bleiben kann, wie es ist. Es kann ziemlich anstrengend sein, sich immerwährend auf der Wanderschaft zu befinden. Warum soll es nicht in Ordnung sein, einfach dankbar mit und in dem zu leben, was wir haben, vielleicht nach vielen Umzügen endlich einmal angekommen zu sein, Heimat gefunden zu haben und nicht mehr weg zu wollen? Wer das vorschnell als Haltung spießbürgerlicher Behaglichkeit abtut, hat keine Ahnung, wie menschenfreundlich es sein kann, wenn Menschen angekommen sind. Wenn sie sich nichts mehr beweisen müssen, wenn sie in stabilen Beziehungen leben dürfen und wenn sie den Ort lieben, an dem sie leben: die vertraute Landschaft, Menschen in ihrer Nähe, auf die sie sich verlassen können, eine Routine, die man nicht jeden Tag infrage stellen muss und die daher entlastend ist, eine sichere Arbeit, die niemand einfach kündigen kann, und vielleicht auch ein inneres Koordinatensystem, das nicht jeden Tag neu erfunden werden muss.

Dagegen sind Lebenssituationen, die so belastet sind, dass man nichts sehnlicher wünscht, als aus ihnen herauszukommen und in eine bessere Zukunft zu gehen, ganz bestimmt nichts, was man sich wünschen kann. Ich habe einmal Bilder vom durch Bombenangriffe zerstörten Nürnberg gesehen. Die weithin unzerstört gebliebenen Türme der Burg überragen eine Stadt, die es fast nicht mehr gibt. Überall Häusergerippe. Nach 13.807 Tonnen Bomben und 6.400 Toten und 13.000 Verletzten und 350.000 Obdachlosen stehen sie da wie eine Anklage gegen den von Hitler begonnenen irrsinnigen Krieg.

Dass wir keine bleibende Stadt haben, kann anhand solcher bitteren Bilder einer zerstörten Stadt sehr wörtlich sichtbar werden. Man kann es auch im Kleinen im eigenen Leben erfahren. Mancher mag das im vergangenen Jahr selbst sehr konkret erlebt haben: dass ein Lebensentwurf zusammengefallen ist, weil eine Krankheit kam oder weil die Kinderlosigkeit endgültig geworden ist, dass vielleicht lange gehegte Träume zerstoben sind, dass Beziehungen zu Bruch gegangen sind, die unverbrüchlich schienen, dass der Tod uns einen Menschen genommen hat und unsere Seele es einfach nicht verstehen will. Wir haben hier keine bleibende Stadt.

Viele Menschen wissen durch eigene bittere Erfahrung ganz genau, wovon der biblische Autor im ersten Teil seines Satzes spricht. Vielleicht haben sie aber auch die befreiende Kraft des zweiten Teils schon erleben dürfen: Die zukünftige Stadt suchen wir. Es gibt eine Zukunft! Und es ist eine Zukunft, die uns von Gott her entgegenkommt! Wir müssen nicht an der Vergangenheit mit ihren Wunden kleben. Unser Blick kann sich öffnen für das Neue. Wer versteht, dass er hier keine bleibende Stadt hat, lernt loszulassen.

Das gilt für alles, was uns im Leben beschwert. Es gilt aber auch für den Reichtum unseres Lebens. Es gilt für das Glück unseres Lebens. An ihm zu kleben macht unfrei. Das eigene Leben als Wanderschaft zu verstehen, das nicht auf irgendwelche vorteilhaften Sternkonstellationen oder auf die Gunst der Götter oder auch auf den äußeren Besitz angewiesen ist, sondern ganz in Gottes Hand gelegt werden kann, das macht frei! Ein besonderes Zeichen dafür ist seit vielen Jahrhunderten die Besitzlosigkeit der Mönche, die im Hintergrund folgender kleiner Geschichte steht:

Ein Tourist macht Station in einem Kloster. Er wird freundlich aufgenommen, und man bietet ihm eine

Mönchszelle als Schlafquartier an. Darin stehen nur ein Bett und ein Stuhl. In der Tür fragt der Tourist erstaunt: »Und wo sind Ihre Möbel?« »Wo sind denn Ihre?«, erwidert der Mönch. Verwirrt antwortet der Tourist: »Ich bin ja nur auf der Durchreise.« Der Bruder lächelt: »Wir auch.«

Das Lächeln des Mönches ist ein Lächeln der Freiheit. Davon bin ich fest überzeugt: Dass wir hier keine bleibende Stadt haben, macht frei. Es hilft uns, nicht an dem zu kleben, was wir besitzen, sondern uns tiefer zu verwurzeln. Eine der eindringlichsten Geschichten dazu in der Bibel ist die Geschichte vom reichen Kornbauern (Lukas 12,16–21). Er häuft seine Reichtümer an und baut eine Scheune nach der anderen. Und merkt gar nicht, wie er seine Seele verliert, indem er an seinem Besitz klebt. Und dann sagt Gott zu ihm: »Du Narr! Diese Nacht wird man deine Seele von dir fordern; und wem wird dann gehören, was du angehäuft hast?« (Lukas 12,20).

Der reiche Kornbauer hat seine bleibende Stadt in all den Scheunen gesucht, die seinen immer größer werdenden Besitz aufbewahren sollten, um gut gerüstet zu sein für schlechtere Zeiten. Vorzusorgen für magere Zeiten ist ja keine schlechte Idee. Seit Jahren wird uns das im Hinblick auf die Altersversorgung in der Zukunft geradezu eingehämmert. Und trotzdem gilt: Wenn wir unser Leben, ja unsere Seele ganz an den

Besitz binden, finden wir nicht den Weg in die Freiheit, sondern wählen eine Form der Knechtschaft. Vor uns liegen zwei unterschiedliche Wege: Lebe ich aus der Angst und spare immer mehr an, um auch ganz sicher zu sein, dass ich später einmal materiell ausgesorgt habe? Oder sorge ich in Maßen für die Zukunft vor, ohne mein Heil darin zu suchen, und gewinne dadurch die innere Freiheit, mein Geld auch für andere fruchtbar werden zu lassen? Es ist wahrscheinlich kein Zufall, dass dem Satz aus dem Hebräerbrief zwei Verse weiter der Satz folgt:

Gutes tun und mit anderen zu teilen
vergesst nicht!

Es ist schon merkwürdig, dass wir durch die vielen Diskussionen um den Euro in den vergangenen Jahren als Land in dem Gefühl leben, unmittelbar in unserem Wohlstand bedroht zu sein. Wir leiden angesichts der Euroturbulenzen als Volk fast unter so etwas wie einer kollektiven Verlustangst. Aber haben wir schon vergessen, wie reich wir als Land sind? Für Ende des Jahres 2015 wurde allein das Geldvermögen der privaten Haushalte mit rund 5,3 Billionen Euro angegeben, weit über dem gesamten Bruttoinlandprodukt Deutschlands in Höhe von 3,0 Billionen Euro.

Ohne Zweifel ist dieses Vermögen sehr ungleich verteilt. Aber als Land sind wir, wenn wir die Lasten gerecht verteilen, in der Lage, da Solidarität zu leisten, wo das anderen wirklich hilft, aus einer Situation der Not wieder auf die Beine zu kommen. So wie wir nach dem Krieg allein durch die Solidarität anderer wieder auf die Beine gekommen sind und uns zu einer der blühendsten Volkswirtschaften der Welt entwickelt haben. »Gutes tun und mit anderen zu teilen vergesst nicht!« – diese Mahnung aus dem Hebräerbrief gilt für einzelne Personen. Sie kann aber auch für Länder gelten.

> Wir haben hier keine bleibende Stadt,
> sondern die zukünftige suchen wir.

Dass wir Christenmenschen Leute sind, die die »zukünftige Stadt« suchen, pflanzt uns eine Sehnsucht ins Herz, die dem Festhalten am Bestehenden widerspricht. Wir geben uns mit dem Bestehenden nicht zufrieden. Wir wissen, dass es ein Mehr gibt. Der Satz: »So ist die Welt eben« ist kein christlicher Satz. Die zukünftige Stadt, das »neue Jerusalem«, ist eine Welt, in der Friede und Gerechtigkeit sich küssen. Eine Welt, in der alle Menschen in Würde leben können, in der alle von der Lieblosigkeit oder auch nur Gedankenlosigkeit der Menschen verursachten Tränen abgewischt sind. Kinder schreien nicht mehr ungestillt nach Nahrung; Hass und Gewalt, die doch Täter und Opfer schädigen, sind überwunden, und keiner muss mehr über zerstörte Städte klagen. Eine Welt, in der die Schönheit der Natur, wie sie die Psalmen besingen, von uns Menschen dankbar als ein Lebensraum angenommen wird, der zu bebauen und zu bewahren ist. Das Antlitz dieser Stadt ist Christus selbst. Und dieses Antlitz Christi leuchtet schon jetzt durch die Dunkelheiten der Welt hindurch.

Die Lichter am Weihnachtsbaum verlöschen jetzt wieder. Aber das Licht, von dem sie zeugen, geht das ganze Jahr mit uns. Es strahlt uns auf unserem Weg durch dieses Jahr an. Christus, das Licht, macht uns zu Lichtgestalten. Wir dürfen uns auf den Weg in das vor uns liegende Jahr machen und dabei tief im Herzen wissen: Gott strahlt mich an, und deswegen darf ich aufrecht und voller Zuversicht meinen Weg gehen.

Zum Autor

Dr. Heinrich Bedford-Strohm, geb. 1960, Professor für systematische Theologie. Der evangelische Theologe ist seit 2011 Landesbischof der Evangelisch-Lutherischen Kirche in Bayern und seit 2014 Ratsvorsitzender der Evangelischen Kirche in Deutschland. Er ist verheiratet und Vater von drei Söhnen.

> Wenn ich an Gott denke, dann ... denke ich an die
> faszinierenden Geschichten der Bibel, die von Gott
> erzählen und Orientierung für heute geben. Gott ist
> ›ganz anders‹ und gleichzeitig uns Menschen ganz nah.

Sein Buch *Alles ändert sich* erscheint zugunsten von Wikwiheba e. V.

Wikwiheba

Die Situation vieler Kinder in Ruanda ist nach dem Genozid von 1994 und den Auswirkungen von HIV/Aids besonders schwierig: Viele haben ihre Eltern verloren, kein sicheres Zuhause oder müssen sich um kleine Geschwister oder kranke Eltern kümmern. Deshalb wurde 2003 von der Presbyterianischen Kirche in Ruanda das Projekt WIKWIHEBA (»Verlier nicht die Hoffnung!«) gegründet. Seit 2003 organisiert es Mahlzeiten, Stipendien, Ausbildungen und Startfinanzierung für kleine Kooperativen. Der deutsche Verein Wikwiheba e.V. unterstützt die Arbeit des Projektes in Ruanda.

Wikwiheba e.V.
Himmelreichstr. 4
80538 München
eMail: kontakt@wikwiheba.org

Für nähere Informationen zum Team und den Kindern und Jugendlichen sowie der konkreten Arbeit im Alltag und persönlichen Erfahrungen:
im Internet: www.wikwiheba.org
auf Facebook: facebook.com/wikwiheba

Spenden auf das Spendenkonto des Vereins kommen unmittelbar dem Projekt in Ruanda zugute.
Wikwiheba e.V.
BIC: GENODED1DKD
IBAN: DE33 3506 0190 1800 0250 16

VERLAGSGRUPPE PATMOS

PATMOS
ESCHBACH
GRÜNEWALD
THORBECKE
SCHWABEN

Die Verlagsgruppe
mit Sinn für das Leben

FSC
www.fsc.org

MIX
Papier aus verantwor-
tungsvollen Quellen
FSC® C089473

Für die Schwabenverlag AG ist Nachhaltigkeit ein wichtiger Maßstab ihres
Handelns. Wir achten daher auf den Einsatz umweltschonender Ressourcen
und Materialien.

Die Bibel ist zitiert nach der Lutherbibel, revidierter Text 1984,
durchgesehene Ausgabe
© 1999 Deutsche Bibelgesellschaft, Stuttgart

Umschlaggestaltung: Finken & Bumiller, Stuttgart
Umschlagmotiv: Detail Oberfläche des neuen Altars der evangelischen
St. Anna-Kirche in Augsburg
© Lutzenberger+Lutzenberger, Bad Wörishofen
Foto: © Klaus Lipa, Diedorf
Autorenfoto: © ELKB/Rost
Gestaltung, Satz und Repro: Schwabenverlag AG, Ostfildern
Druck: Beltz Bad Langensalza GmbH, Bad Langensalza
Hergestellt in Deutschland
ISBN 978-3-8436-0852-7 (Print)
ISBN 978-3-8436-0855-8 (eBook)

Namenregister

Eugen Biser

Glaube nur!
Gott verstehen lernen
Band 800, 144 Seiten

Nietzsche für Christen
Band 1056, 160 Seiten

Er ist unser Friede
Band 1092, 128 Seiten

Jesus für Christen
Band 1157, 192 Seiten

Paulus für Christen
Band 1219, 192 Seiten

Glaubenswende
Eine Hoffnungsperspektive
Band 1392, 160 Seiten

Herder Taschenbuch Verlag

„... für Christen"

Mohammed für Christen
Einleitung von Muhammad Salim Abdullah
Textauswahl von Adel Theodor Khoury
Band 1137, 192 Seiten

Luther für Christen
Einleitung von Walther von Loewenich
Textauswahl von Peter Manns
Band 1249, 304 Seiten

Buddha für Christen
Einleitung von Erhard Meier
Textauswahl von Adel Theodor Khoury
Band 1303, 192 Seiten

Gandhi für Christen
Einleitung und Textauswahl
von A. Ronald Sequeira
Band 1345, 224 Seiten

Kierkegaard für Christen
Einleitung und Textauswahl von Walter Rest
Band 1389, 224 Seiten

Herder Taschenbuch Verlag